千葉雅也

# 意味がない無意味

河出書房新社

# 意味がない無意味　目次

## V 分身



## VI 性

# 意味がない無意味

# はじめに

ここに集められた文章には、批評と呼べるものもあれば、哲学論文と呼べるものもある。私はこれまで、哲学の仕事と並行して、文化や社会の批評を展開してきた。

哲学にも色々な分野があるが、私の専門は、人間や事物が「どのように在るか」の原理的考察、すなわち「存在論 ontology」である。それはひじょうに抽象性の高い考察だ。その一方で私は、様々な具体的対象について――自分自身の無意識との向き合いという意味も込めて――批評を書いてきた。批評とは何だろうか。それは、何か具体的な「他なる」ものによって自分を揺さぶられる、という危機的な経験ではないだろうか。

抽象的な存在論に取り組んでいるときでも、その言説が、具体的なものの切迫によってかき乱される瞬間にこそ、私の関心がある。と同時に、具体的な批評に取り組んでいるときでも、その言説が、存在論的な抽象化によってかき乱される瞬間にこそ、私の関心があった。

二重の危機である――存在一般が「このもの」に向けて崩壊し、そして「このもの」が存在一般に向けて崩壊する。私はそのような二重の危機を書こうとしてきたのだと思う。

最も古いものは、博士課程に進学してすぐの、二〇〇四年に書かれた研究ノート「動きすぎてはいけない――ジル・ドゥルーズと節約」である。そのタイトルが、博士論文を元にした私の一冊目の著作に引き継がれた。『動きすぎてはいけない――ジル・ドゥルーズと生成変化の哲学』（二〇一三年）である。他方、最も新しいものは二〇一六年に書かれた。私は昨年、二〇一七年に、本務校の学外研究という制度を利用し、学務を免除され、新たな研究の構想に集中することができた（十月から一月にはハーバード大学のライシャワー日本研究所に滞在した）。いま私は、新たな研究段階に入ったという感覚を持っている。ゆえに、二〇一六年までを私の第一期として区切ることにしたい。

なお、ドゥルーズに関する専門的論文は除外した（先の研究ノートだけは特別に収録することにした）。それらは『動きすぎてはいけない』に統合されているからである。本書には、ドゥルーズ研究以外の、私の第一期における、自分自身に発する考察が示されている。

すべてのテクストは今回の収録にあたって改稿されている。今後、引用の際には本書を参照していただければ幸いである。

本書はどこからでも読めるが、様々なキーワードが反復され変奏されることで、テクスト相互がリンクされていることに留意していただきたい。

本書を編集しながら私は、第一期の仕事を捉え直し、「意味がない無意味」という概念を案出して新たなテクストを書いた。それを冒頭に置く。そして本書の題として、その概念を冠することにした。私の仕事では、無意味に関するひとつの立場を提示していると言える。この観点から本書を読むのは、ひとつの仮の道筋である。もとより、各テクストをどのように縫い合わせるかは、読者の自由に任されている。

この間、私に執筆の機会を与えてくださった皆様に、改めて深く御礼申し上げます。

# 意味がない無意味——あるいは自明性の過剰

私は、子供の頃からずっと、無意味に惹きつけられてきた。

意味を言おうとする努力が無駄であるような局面があるのだと主張する。無意味であることの権利を擁護する。私は、無意味の側に立つ弁護士であろうとしてきた。おそらくその職務こそが、自分の享楽の核心なのだった。いや、むしろ反対に、ただたんに享楽されるだけのもの、享楽にただ内在しているもの、それこそが無意味なものなのだ。

小学校の五年か六年のときに、架空の人物に手紙を書くというコンクールで賞をもらったことがある。私はシャーロック・ホームズに手紙を書いた。その題は、記憶が確かならば、「現代的犯罪の真相」というものだった。

現代では、動機のない犯罪がよく起きているのです。ホームズさんの天才的推理でも動機を見つけられない犯罪があるのです。なぜなら動機は、ないのですから。なぜなのかを推理しても無駄な犯罪があるのです。ただたんにそれを行った、というだけの犯罪なのです。

そこには、無意味な享楽があるのです——とまでは書かなかったが。

意味、それは「理解」とも言い換えられる。合理的であるような理解である。また、ここには

「共感」という問題もある。合理的な理解の外部――つまり、非合理性について私は何かを考えている。共感の外部――我々が（また、事物一般が）別々に分離された状態、あるいは無関係について、私は何かを考えている。

私が思い描いているのは、「意味の広大な外部」といった開放的なイメージではない。むしろ、意味の雨が降り注ぐなかで、縮こまって自らを防御している建築物のようなもの――そのような、「閉じられた無意味」なのである。

閉じられた部屋。家。秘密。どこかの戦場に点在する、コンクリートでできた半球形のトーチカ。ラップをぐるぐるに巻きつけられて冷凍された肉。

……そのようなイメージは、しかし、当初からあったものではない。私は、無意味と意味がいかなる関係を持つのか／持たないのかをフランス現代思想を通して考えてきた結果、どうやら、そのような閉じられたものとしての無意味に関心を持っているらしいとわかってきた。

私はここで、その無意味を〈意味がない無意味〉と呼ぼう。意味がない無意味は、〈意味がある無意味〉に対立するものである。

〈意味がない無意味〉とは、もちろん同語反復《トートロジー》だ。そこに私の哲学的問題がある。

## 1　二つの無意味

では一方で、〈意味がある無意味〉とは、どういうことか？

たとえば、目の前に一個のトマトがあるとして、我々は、それがどういうものであるか＝その意味を、完璧に把握することはできない。何についてであれ、意味を汲み尽くすことは不可能である。見方次第で、対象の意味は様々に、無限に多く生じる。だが、我々が思考し、表現できる意味は、有限である。だから、このトマトにどれだけ様々な見方からアプローチしても、言えることがまだまだ残っている。「いわく言いがたさ」が残り続ける。このことを極論に至らせよう——あらゆる対象は実は、決して本当には把握できない「謎のx」なのである。

目の前のトマトは「有限に有意味なもの」として現れている。だが、それは同時に「無限に意味が過剰なもの」、つまり「無限に多義的なもの」でもある。そして「無限に多義的」というのは、我々には思考不可能な状態、意味がわからない状態なので、要は、無意味なのである。それは、あらゆる雑音が同時に鳴っているホワイトノイズのような状態だ。

我々には、有限な意味しか意味がわからない。

無限の多義性という無意味、このことを〈意味がある無意味〉と呼ぼう。

あらゆる対象は、実のところは〈意味がある無意味〉＝謎のxなのであり、我々はその周りを「空回り」するようにして意味を生産し続ける。そう強いられている。〈意味がある無意味〉とは、意味の世界に空いた「穴」のようなものだ。ブラックホール。排水口。それは、最強の重力を持つ中心点であり、そこへと引っぱられて意味の雨が降り続ける。その穴は決して埋まらない。

だが、私の関心事は、このタイプの無意味の外部としての別の無意味、すなわち〈意味がない無意味〉なのである。それは、意味の雨を止めるような無意味だ。

というのは、〈意味がある無意味〉をめぐる意味の増殖を止めるということである。ブラックホールの重力に抵抗する。排水口に蓋をする。蓋となる「石」のようなもの、意味のストッパーとなるもの（「思弁的実在論と無解釈的なもの」において私は、〈意味がある無意味〉を「穴－秘密」、〈意味がない無意味〉を「石－秘密」と呼んでいる。以下本稿では、このように括弧に入れて、関連する私のテクストを示す）。

〈意味がある無意味〉は、もっと何かを言いたくさせるような無意味である。反対に、〈意味がない無意味〉とは、我々を言葉少なにさせ、絶句へと至らせる無意味なのだ。

だが、二つの無意味は、同じ場所で重なっているのかもしれない。

同じ場所が、同時に穴であり、蓋でもある。意味を発生させる何かが、意味を遮断する何かにすり替わる。意味を遮断する何かが、意味を発生させる何かにすり替わる。我々の日常ではそうしたすり替わりが起きているのかもしれない……おそらくは偶然的に。

〈意味がない無意味〉とは、「身体」である。本稿ではこのことを論じる。

二〇一六年までを私の仕事の第一期として区切るならば、その間に私は、身体の哲学を作ろうとしてきたのだと思う。

〈意味がある無意味〉から〈意味がない無意味〉へ――それは思考から身体への転換だ。

考えすぎる人は何もできない。頭を空っぽにしなければ、行為できない。

考えすぎるというのは、無限の多義性に溺れることだ。ものごとを多面的に考えるほど、我々は行為に躊躇するだろう。多義性は、行為をストップさせる。反対に、行為は、身体によって実現される。無限に降り続く意味の雨を、身体が撥ね返すのである。身体で行為する。そのときに我々の頭は空っぽになる。行為の本質とは、「頭空っぽ性 airhead-ness」なのだ(このふざけたような概念は「あなたにギャル男を愛していないとは言わせない」に出てくる)。

私はこれまで、「考えすぎること」と「行為する身体」の行き来について考えてきた。最初の著作、ジル・ドゥルーズ論『動きすぎてはいけない』(二〇一三年)での「接続過剰から非意味的切断へ」というテーマは、思考から身体への転換に相当する。「非意味的切断」の「非意味」が、〈意味がない無意味〉である。「接続過剰から非意味的切断へ」とは、考えすぎること、無限の多義性に溺れることからの――〈意味がある無意味〉からの――離脱、つまり〈意味がない無意味〉に身を任せることであり、それは、行為する人になるということだ。

私の仕事では、行為する身体を捉えるために、「パラマウンド」や「不気味でないもの」といった新しい概念を作っている(詳しくは後述する)。

ここでの「身体」という言葉は、広い意味で受け取ってもらいたい。英語の body には広い意味がある。最初にイメージされるのは、人間や動物の「からだ」だろう。だが body は、「物体」、「物質」でもある――自転車や火星や素粒子のような。また、ある学校の学生全員といった「集まり」を意味することもある。さらに私は、空想のイメージや、絵画に描かれた「形態」を、何であれ

body であると捉える（どんなに抽象的な形態でも body である）。音楽においても、メロディーは body であり、反復されるリズムも body である。

では、本論に入ろう。次の第二節と第三節では、多少複雑な話になるが、〈意味がある無意味〉の外部を問うという問題意識が、フランス現代思想の文脈においてどのように出てくるのかを説明する。つまり、私はいま〈意味がない無意味〉について考えようとしているわけだが、まずその前提を十分明らかにしておくということだ。

そこでの中心人物は、精神分析家のジャック・ラカンである。ラカンに対してどう距離を取るかが問題となる。以下では、ラカンに対する距離の取り方が似ている論者たちを登場させる――ジャック・デリダ、ジル・ドゥルーズ&フェリックス・ガタリ、浅田彰、東浩紀、カトリーヌ・マラブー、カンタン・メイヤスーである。

## 2 ラカン的構図

我々の思考は〈意味がある無意味〉を中心に空回りしている――と要約できるだろう定式は、ラカンの精神分析理論において最も洗練された形を取っている。〈意味がある無意味〉は、ラカンが言うところの「現実界 le Réel」（現実的なもの）に相当する。

ラカンによれば、意味は、「イメージ」と「言語」によって成り立っている。ラカンは、人間の精神活動を次のように三つの次元で説明した――イメージの次元＝「想像界」、言語の次元＝「象徴界」、そして、その二つから到達できない外部＝「現実界」という三つである。現実界は、イメージ的にも言語的にも捉えられない――つまり、意味づけできない――ものであり、それは「不可能なもの」とも呼ばれる。現実界は、意味の側――つまり、想像界と象徴界の側――から見れば、「穴」である（ラカン自身がそう表現している）。

事物にイメージと言語の網をどうかけても、こぼれる何かが残り続ける。現実界とは、無限に意味を引き起こし続ける意味の彼岸＝〈意味がある無意味〉である。

ところで、以上の構図は、カントの超越論哲学によく似ている。

カントの言葉で言えば、我々が認識しているのは「現象」であり、その外部に、不可知の「物自体」がある。ラカンの現実界は、おおよそカントの物自体に相当する。カントは、真の実在について語ることを禁止し、哲学とは、人間がいかなる方式で事物を思考しているかの分析であるという再定義を行った。それが、超越論哲学＝近代哲学である。フロイト以来の精神分析は、そこに「性」の次元を導入し、無意識を持つ主体がいかに事物を性的に思考するのか（＝欲望するのか）を問題とする。この意味で、精神分析とは、近代哲学の後継者である。

（1）一方で、事物は、暫定的には「これこれである」と言える――このことを「意味の有限化」と呼んでおこう。（2）だが、事物は無限に多義的である。なぜなら、事物には、〈意味がある無意味〉＝現実界が潜んでいるからである。

事物に向けて、意味の雨が降り続ける。そこには無限に深い穴があるからだ。そこに引っぱられて、意味が引き起こされる。意味の雨は、排水口に吸い込まれ続ける。

東浩紀の『存在論的、郵便的』（一九九八年）は、こうしたラカン的構図がフランスのポスト構造主義において定番のものだった――デリダやドゥルーズにもそれが共通にあった――という整理を鮮やかに提示した。東は、柄谷行人による「形式化」の考察(1)、および浅田彰のポストモダン論をふまえて、ラカンが典型的に示すような、「不可能なもの」をめぐって組織される思考のあり方を「否定神学システム」と呼んだ。その上で東は、ある時期のデリダに、そこから逃れる別の思考、「郵便的脱構築」を見出すのである。

先行する浅田の『構造と力』（一九八三年）では、ラカン的構図を「クラインの壺」としてモデル化していた(2)。それが、近代《モダン》における思考の構造である。カントの超越論哲学＝近代哲学の後継者としてのラカンの精神分析理論は、モダニティの洗練され切った形式なのだ。そしてクラインの壺の外部に、ポストモダンが位置づけられる。それは、ドゥルーズ&ガタリが言うところの「リゾーム」の状態である。

東らの歴史観では、ポスト構造主義には広くラカン的構図が見られる一方で、そこから抜け出そうとする面もあった、ということになる。ラカン的構図＝クラインの壺＝否定神学システムの外部をどのように考えるか――私は、フランス現代思想の二〇〇〇年代の展開を追うなかで、そのような外部性の問題を再発見することとなった。

## 3 物質的なもの

まず、カトリーヌ・マラブーの場合を見よう（私は二〇〇五－〇六年にパリ第十大学において彼女から指導を受けた）。マラブーは、「可塑性 plasticité」という概念を、〈意味がある無意味〉＝現実界によって生成される多義性よりも根本的なレベルに位置づける。『新たなる傷つきし者』（二〇〇七年）は、脳神経の可塑性が引き起こす精神の変容を、ラカン的構図に優先させる。精神はラカン的構図で動いているのだと仮定するにしても、脳に物質的な変化・障害が起きれば、そのような精神は、ただたんに外因的に変化を強いられる。つまり、ラカン的構図の内的な因果性とは無関係に変化を強いられる。

脳の物質的な変化による意味作用の変化は、〈意味がある無意味〉＝現実界が生成する多義性ではない。前者は、後者を外から引き裂くことができるのである。

マラブーは、ラカン的構図における精神の変化性に対して外的な変化性を、可塑性と呼んでいる。マラブーによれば、現実界から区別されなければならない「物質界 le Matériel」があるのだ（「マラブーによるヘーゲルの整形手術」）。

私の言葉で言えば、〈意味がある無意味〉の外部にある物質的なものの可塑性が、〈意味がある無意味〉の作用圏内つまり思考に、意味がなく無意味に破壊的影響を与えるのである。マラブーにおいては、物質の存在が〈意味がない無意味〉なのであり、それが〈意味がある無意味〉にとって下部構造である、という理論構築がなされている。

次に、カンタン・メイヤスーの議論。

メイヤスーの『有限性の後で』（二〇〇六年）によれば、近現代哲学では、カントに始まる「相関主義」を前提とするために、「実在」へのアクセスが阻まれているという。この相関主義とは、次のような立場である。（1）我々＝人間は、自らの思考の形式に相関している限りでの対象、すなわち、カントが言うところの「現象」しか思考できない。（2）相関主義的な思考はその外部に、「思考不可能」な実在という影を伴う。それはカントの物自体のポジションである。[3]

この思考不可能な実在という影が、メイヤスーの場合での〈意味がある無意味〉である。

相関主義における思考不可能な実在＝〈意味がある無意味〉は、メイヤスーによれば、非合理的な「信仰主義 fidéisme」の拠点になる。どういうことか。

思考不可能な実在のポジションは、思考の合理性の埒外なのだから、そこにはいかなる非合理的な命題でも代入できる、というのはつまり、非合理的な命題を真だと（実在的だと）信じ込むこと＝信仰主義のいかなる場合に対しても、合理的に反駁できないのである。この帰結を、ここでは「相対主義」と言い換えよう。社会生活に有害なものも含め、あらゆる信念は、〈意味がある無意味〉の同じひとつのポジションにおいて相対化される。だからこそ任意の信念に没入する「狂い」が可能なのである（たとえば「ネトウヨ」のように）。

〈意味がある無意味〉の多義性は、相対主義の原理であり、かつ、信仰主義の原理なのである。だから、〈意味がある無意味〉の外部を目指す論者は共通に、相対主義・信仰主義への批判を試みているのだと言える――メイヤスーも東も、私もそうである。

東の否定神学システム批判も、メイヤスーと同様に、何でも代入できるxを問題視するものだ。東は、そのポジションが形式的に単数であることを強調する。この唯一のxに代入されることで、あらゆる信念は相対化される。というのは、それらの根本的な複数性、他者性がなくなるということである。そうなれば、「階級闘争の場」を真に問うことができない。「階級闘争の場」とは、「複数のイデオロギー装置が交錯するネットワーク空間」である。[4]

東は、ラカンの現実界から、「現実 realité」を区別する。現実界は単数だが、現実——端的な現実——とは、存在者の複数性＝他者性があるところ、それゆえにコミュニケーションの失敗が起こるところである。東＝デリダは、コミュニケーションの失敗を「誤配」と呼ぶ。

メイヤスーの立場——「思弁的唯物論」と称される——も、東＝デリダの「郵便的脱構築」も、相対主義・信仰主義への抵抗である。

メイヤスーは、相関主義の外部に、思考不可能ではない実在、物質的世界を措定する。その実在＝物質は、唯一、数学によってのみ思考可能なものだとされる（その理由は本稿では略する）。世界の数的存在は、絶対的なものだ。だがそのことを保証するためにメイヤスーは、この世界が現にこのようなあり方（自然法則）をしているという事実には、まったく必然性がない＝それは根本的に偶然的である、という主張を打ち立てる（メイヤスーはライプニッツの「充足理由律」を否定する）。そこから次の帰結が出てくる。この世界がこのようであることが非‐必然的＝偶然的なのならば、世界はいつか、まったくの偶然性で別様の世界に変化するかもしれない——し、そんなことは起こらず、このあり方のまま維持されるかもしれないが、そうだとしてもそれも偶然的である、という帰結である。

相対主義に抵抗するものとして、（数的にのみ思考可能な）物質がある。だが、それは永遠ではない。物質的世界は根本的に変化可能、ということは、破壊可能なのである（ある世界が別の世界に変化するときには、以前の物質すべてが破壊されるだろう）。

ここでマラブーに戻る。精神に外から介入する脳の可塑性には、物質的なものは破壊可能だというテーゼが内包されている。ラカン的構図の作動を、破壊可能なものとしての物質的下部構造が、破壊的に変化させるのである（このことをマラブーは「破壊的可塑性」と呼ぶ[5]）。

そして東＝デリダもまた、物質性によってラカン的構図を批判している。ラカンは、あらゆる意味が現実界をめぐっていることの必然性を、「手紙はつねに宛先に届く」と表現した。それに対しデリダは、「手紙は宛先に届かないことがつねにありうる」と応答した。その理由は「手紙」の物質性である。物質的なものとしての手紙は「分割可能」である。バラバラに引き裂かれてしまうかもしれない[6]。物質的なものは破壊可能である。逆に、ひとつの特権的ポジションにおける意味の相対化は、「理念的」なのだ。現実には――現実界において、ではなく――コミュニケーションはつねに誤配である。このことが、意味は物質的なものによって伝達され、意味を担う物質的なものは破壊可能だ、ということと一致している（ただし、東＝デリダの場合では、変化可能性という論点は明示的ではない[7]）。

このように、ポスト構造主義からそれ以後（ポスト・ポスト構造主義）への展開では、物質的なものの破壊・変化可能性が、〈意味がある無意味〉――を中心とするラカン的構図――の外部に位置づけられている。物質的なものの破壊・変化可能性が、〈意味がない無意味〉に相当するのである。ただたんに破壊され、変化すること。

以上をふまえて、次節からは私の理論に移りたい。

これから論じるのは、「身体によって意味が有限化され、行為が実現される」ということである。そこに、物質的なものの破壊・変化可能性が関わってくる。身体は、物質的＝破壊・変化可能である。ある身体は、別の身体に破壊的に変化しうる。破壊的に変化しうるものとしての身体が、意味を有限化し、行為を実現するのである。

## 4　有限性と行為

〈意味がない無意味〉とは、それ自体における無意味、「即自的無意味」である。〈意味がない無意味〉というトートロジーは、無意味の即自性を示している。

『動きすぎてはいけない』のテーマは、「接続過剰から非意味的切断へ」であった。接続過剰とは、本稿の視点から言えば、〈意味がある無意味〉を原因とする無限の多義性のことである。そして「非意味的切断」の「非意味」が、〈意味がない無意味〉である。意味がなく無意味な切断によって、無限の多義性から抜け出す——これはすなわち、意味の有限化である。

私は『動きすぎてはいけない』以後、有限性について集中的に考察し、ある種の実践哲学を展開してきた（『勉強の哲学』など）。

我々が生きる「現実的 actuel」な世界は、有限に有意味な事物で成り立っている（紛らわしいが、このアクチュエル、「現実的」は、ラカンの「現実界」とはまったく異なる概念であることに注意。

以下、派生概念として「現実化」、「現実性」も用いる)。「これは白い半袖のTシャツ、暑い日に着るもの、今日は暑い、だから着る」。「これは新鮮なトマト、そのまま食べられるだろう、でもいまは食べない」。……このように、有限化された事物は何らかの「行為」を惹起する。行為の実行を、「現実化 actualisation」と呼ぶことにしよう。意味の有限化と行為の現実化可能性は、一致している。

　他方で、事物を様々な角度から多義的に捉えるならば、我々は行為に躊躇するだろう。多義性とは、反‐行為である。事物の意味とは、その事物を使って行為するための「取っ手」のようなものであり、それがあまりに多くなると、どこを掴むべきか選択ができなくなる。そして事物は、「潜在的 virtuel」な状態としては、無限に多義的である＝「取っ手」が無限に多くある＝行為が無限に多くある――というのは、ひとつの行為の実行、現実化が不可能だということである。事物の潜在的な無限の多義性は、行為の現実化不可能性に一致する。

　潜在性から現実性へのジャンプは、非意味的切断としての有限化、〈意味がない無意味〉による有限化である。さて、それは「身体」の存在によって起こる、と私は考えている。

「思考と身体」という伝統的な対立に、私はここでひとつの定義を与える。事物を無限に多義化させることが、思考の本性である。思考とは、意味および関係の極だ。その対極に、「思考の他者」としての身体がある。身体とは、無意味および無関係の極だ。

　身体とは〈意味がない無意味〉である。即自的無意味である。

　身体によって、無限の多義性からの「減算」が起こり、意味が有限化される[8]。

　私たち人間に、ある光の状態がおおよそ一定の色や形として知覚されるのは、人間身体の共通の特性による意味の有限化である。同じ光線の状態を、人間とは別様に感覚する身体がありうるし、またもちろん、同じ人間のあいだでも知覚に違いがある。

また、意味は「文脈」に依存する、ということについて考えてみよう。ある形と色のまとまりを我々に「トマト」と呼ばせる文脈——野菜を視覚的に分類する文脈——の作動とは、他の可能な文脈に対する非意味的切断である。ある文脈の存在とは、〈意味がない無意味〉としての身体の存在に相当すると言える。

有限性の哲学とは、〈意味がない無意味〉としての身体の哲学である。

## 5 身体＝形態

身体、それは「形態」である。私は、身体と同じ資格で「形態」の概念を用いている（身体の方は人間や生命あるものを連想させるので、形態の方をより抽象的な概念として用いている）。それは、ただそのようにあるだけのもの、「形だけの形」である。ただそのようにあるからそのようにある、というトートトロジー。私が「閉じられた」と表現する状態は、このトートトロジーのことである。

トートロジカルな身体＝形態が、閉じられた無意味、〈意味がない無意味〉だ。

それが多義性を遮蔽する。身体＝形態が、意味の雨を撥ね返す石である。無限に意味を増殖させる穴＝〈意味がある無意味〉に対抗する、石＝〈意味がない無意味〉である。それは、ただたんに現実的なものであり、いわば「潜在性を干上がらせる」ものである。

私はこれまで、美術や文学の事例においてそうした身体＝形態のあり方を論じてきた（「思考停止についての試論」など)。また私は、文学において、語が意味作用から離れて、文字通りに、たんなる身体＝形態になることにも関心を向けている(「言語、形態、倒錯」)。

私が考案した「パラマウンドparamound」という概念は、〈意味がない無意味〉としての身体＝形態に当たるものである(「パラマウンド」)。それは、ラカンの精神分析理論を下敷きにして定義される。

ラカンにおいては、我々人間の欲望は次のように理解される。

自己と他者の関係においてはつねに、何か重要なもの＝xが「欠如」している。我々は幼少期から、その欠如を埋めようとしては失敗するのを繰り返している――つまり、何か重要なもの＝xを、取り逃し続けている。このxが「ファルス」と呼ばれる。

ファルスとは、理想的な、勃起した男性器である。精神分析には、あらゆる欲望は性的な意味を持つという仮説がある。この仮説の下で、あらゆる欲望は、性的に重要なもの＝ファルスを追求することに等しいと見なされる(だがなぜ、男性器が性の基準なのか？――「パラマウンド」ではこの問題を扱っている)。

そして、第一節・第二節で説明した、事物の意味づけは終わらないということが、ファルスの追求は終わらないということと一致しているのである。これは、精神分析に特有の仮説である。一方でラカンには、言語とイメージの彼岸に物自体が位置するというカント的な認識論がある。他方で、カントにはなくラカンにあるのは、物自体の認識不可能性が、自己と他者の関係において性的な意味を持つという仮説である。物自体の認識不可能性は、自己と他者を隔てる欠如ないしは否定性に一致し（ここにラカンのヘーゲル的な面がある）、さらにそれが、性別の絶対的安定（理想的なファルスへの到達）の不可能性に結びつくのだ、というわけである。このことを、〈ファルス的な意味の欲望〉と呼んでおこう。

私はパラマウンドという造語で、〈ファルス的な意味の欲望〉の外部にある身体を言おうとしている[9]。すなわちそれは、無限化するファルス的な意味を、非意味的に切断する＝有限化する身体である。そうした身体には、勃起とは異なるような「別の充実」がある。私はそのことを「マウンドmound」と表現している。盛り上がったもの。丘や塚、墳墓のようなもの。それが、（ファルス的な）意味の雨を撥ね返すのである。その張力によって。

ファルスを超越する、またはそれを下から基礎づけるというヒエラルキーの外部で、ファルスと並立する＝それの「傍ら」にある、という位置づけを言うために、私は「パラpara」という接頭辞を「マウンド」に付けた。パラマウンド、それは、ファルスの傍らにある別の盛り上がり、すなわち、「非勃起的」な盛り上がりである。また、並立することを私は「分身」と表現する。パラマウンドは、ファルスの分身である。

この概念形成の狙いは、何か対象が「ある」ということ、対象の実在性を、非勃起的に肯定することである。逆に、ラカン的構図では、実在するということそれ自体が、つねにファルス的なのだ。実在、それを「有が盛り上がる」ことと言ってみるならば、それはラカン的構図においては必然的に、勃起なのである。目の前にトマトがあることは、ひとつの勃起に他ならないのだ。これに対し、私の場合では、「有が盛り上がる」ことのジェンダー、存在論的なジェンダーを不分明にしようとしている。

ここで、ラカンには実は、ファルスを脱中心化する面もあることに触れておこう。ラカンは、講義『アンコール』（一九七二−七三年）における「性別化の式」で、男性と女性の「享楽」を区別した。ラカンによれば、男性には「ファルス享楽」しかない。ファルス享楽とは、大まかに言って、先の〈ファルス的な意味の欲望〉を充足しようとしては失敗することの繰り返しである。つまり、〈意味がある無意味〉をめぐる空回りである。対して、女性には、ファルス享楽ではない「他の享楽」というものがあり、かつ、ファルス享楽もあるとされる（女性はハイブリッドなのだ）。

ラカンのこの区別に従えば、〈意味がある無意味〉の外部を問題にする私は、他の享楽について思考していると言えるだろう。

ラカンにおいては、ファルス享楽と他の享楽は排他的である。だが、私の場合では、パラマウンドをファルスの分身と見なすことで、ファルス享楽と他の享楽の分身化を認めようとしている。それは、ラカンが——ある種の本質主義であるかのように——定立する男性と女性の別が不分明になる状態を考えたいからである。私は、「享楽のジェンダー・トラブル」に関心を向けている（「単純素朴な暴力について」、「力の放課後」など[10]）。

ここで、メイヤスーの仕事を想起しよう。メイヤスーは、相関主義に随伴する、思考不可能なものとしての実在のポジション＝物自体のポジションを消去し、実在を（数理的に）思考可能とするのだった。さて、いま、ラカンの精神分析理論を、相関主義＝近代哲学の洗練形態と見なすならば、「ラカン的構図から実在論へ」という転回を考えることができる。ラカン的構図とは、いわば「性化された相関主義＝近代哲学」である。そこにおける物自体、すなわち現実界を消去するのが、「ラカン的構図から実在論へ」という転回である。ならば、そこで現れる実在的なものとは、他の享楽のうちにあるものとしての身体＝形態に他ならない。

だが、私の関心は、二つのシステムの分身化にある。一方に、相関主義つまりファルス的な存在論があり、それと他の享楽としての実在論が、存在論的なジェンダー・トラブルとして不分明になるということ、この不分明さに私自身の哲学的関心は位置づけられる。

パラマウンドを、私は「不気味でないもの das Un-unheimliche」とも言い換えている（「不気味でない建築のために」）。

フロイトの概念である「不気味なもの das Unheimliche」は、ラカンにおいては「不安」の現象として捉えられる。それは、「馴染み heimlich」であるはずの事物の状態が、ふとした瞬間に、漠然とした違和感を呈する事態である。ラカン的構図における不気味なものは、現実界つまり〈意味がある無意味〉が、急に、意味（想像的かつ象徴的な）の地平に迫り出してくる事態であると言える。(11)

このことを、私の枠組みで再解釈すれば、次のようになる。馴染みのものとは、有限に有意味な事物のことである。それは、〈意味がある無意味〉の無限の多義性の減算によって生じている。他方、不気味なものとは、通常は身体によって抑圧されている〈意味がある無意味〉の無限の多義性がにわかに浮上し――つまり身体性が弱まることによって――、意味の有限性が不安定になるという事態である。

このように、馴染みのものと不気味なものは互いを前提し合う＝相関性を成している。

そこで私は、馴染みのものと不気味なものの相関性の外部に、〈意味がない無意味〉に相当する第三項として、「不気味でないもの」を想定する。それは、有限化を引き起こす身体それ自体の性質である。

不気味さとは、無限性の迫り出しによる有限性の破れである。こんどは立場が逆転している。不気味でなさとは、有限性の迫り出しによる無限性の破れである。

もはや無限性と相関していない有限性、それは「ラディカルな有限性」である。それは不安の反対の極端である。馴染み以上である。通常の馴染みさ（不安の反対）を、「自明性」と呼ぶとしよう。ここでは、統合失調症《スキゾフレニー》においては「自明性の喪失」が起こるというブランケンブルクの言い方を念頭に置いている。不気味でないものとは、「自明性の過剰」である。

身体または形態、この過剰に自明なもの、不気味でないもの、〈意味がない無意味〉。それ自体のみがその存在の原理である有限的なもの。そこでは潜在性が干上がっている。不気味でないものは、ただひたすら現実自体が現実を支えるという現実性のトートロジーによって存在する。自明性の過剰とは「現実性の過剰」であり、それは、行為の純粋化に他ならない[12]。

## 6　ポスト・トゥルース

メイヤスーにおいては、物質的なものとしてのこの世界がこのようであることは、非-必然的＝偶然的な事実なのだった。だから、世界、すなわち物質の総体は、いつ別様に偶然的に変化するかもわからない。このことをメイヤスーは「事実論性 factualité」と呼ぶ。全物質は、突然に破壊され、いわば「豹変」しうる。

物質の破壊・変化可能性。マラブーの可塑性もそれを含意している。また、東＝デリダの議論にもそれがある（東＝デリダの場合には、変化可能性という論点は明示的ではないが）。

ところで私の仕事では、身体＝形態が、ある一定の有限性から別の有限性に「豹変」することを問題にしている。すなわち、「有限性の破壊・変化可能性」を問題にしている。

人はその一定の有限性によって行為を現実化するのだった（第四節）――だから、有限性が破壊的に変化するというのは、予測を超えた行為の変化が起こることである。他者は豹変するかもしれない。あらゆる他者は、何をするかわからない者なのだ。私もまたそうだ。私がいま持っている有限性もまた破壊的に変化しうる。偶然によって。そのときに私は、誰かに似た者となるのかもしれない――何をするかわからない者同士に、分身的な関係がある。

他者と共存するとは、豹変するかもしれない、裏切るかもしれない身体＝形態と隣り合う不安に耐えることである。それこそが倫理・政治のゼロ度ではないだろうか。そこから建設的な関係が始まるかもしれないし、それが分断と闘争の原理でもある、両義的なゼロ度（「エチカですらなく」）。

諸々の身体＝形態の、ただそのように構築されているだけの連鎖を、私は「儀礼」と呼ぶ。

私は、存在一般を儀礼的なものとして捉えている。

世界が、メイヤスーの言うように非‐必然的＝偶然的な事実なのだとすれば、世界とは、最大規模の儀礼であると言える。自然法則とは、「存在論的儀礼」である。自然科学は、その壮大なる儀礼の解読に他ならない——壮大だが、たんに形ばかりである儀礼の。

物質自体が、儀礼的なものである（「世界の非理由、あるいは儀礼性」）。物質が存在すること自体にいかなる理由もないからだ（メイヤスーは、まったくの無からの発生という仮説を持っている）。ここから逆に、文化や社会における儀礼的事象は、物質性を呈しているのだと言えることにもなるだろう（「さしあたり採用された洋食器によって」）。

諸々の身体＝形態はそれ自体が儀礼的存在であり、また、それらのコミュニケーションも儀礼的なものである。儀礼的なコミュニケーション、それは「社交」である。

レオ・ベルサーニによれば、社交とは、他者に対して全面的に関わることではなく、有限な側面だけで、自分を「以下」にして関わることである（「あなたにギャル男を愛していないとは言わせない」）。社交とは、「以下性lessness」を工夫することだ。社交は、有限性自体への意識を賦活する。そしてベルサーニの論は、人間のみならず、事物一般の以下性にまで及ぶ。あらゆる事物は互いに以下的に、つまり有限に関わり合っており、だからこそ事物は複数存在するのだ、というのである。

もし事物が全面的な関係のなかにあるのだとしたら、事物の区別はなくなるだろう。それは、接続過剰の状態である。以下になる＝有限化とは、非意味的切断、意味がなく無意味な切断であり、それが事物の複数性を実現するのである。

ここで、第三節で示した相対主義の構造について考察をさらに進めたい。いま導入した儀礼の概念がそれに関わってくる。

改めて整理しよう。相対主義は、思考不可能な実在＝〈意味がある無意味〉＝xを拠り所にして作動している。xは、要するに、真理であると言ってもよい。誰も真理には到達できない。立場次第でxをめぐって色々な言明を言え、そのどれもが決定打にならない。どれもが決定打にならないから、特定の立場への「狂った」ようなコミットメントを決定的に退けることもできない。つまり、相対主義は、信仰主義に転化するのだった。

さて、今日の相対主義批判者は、科学的なエビデンスにもとづき、世界について絶対的言明を言おうとする。だが、しばしばそれは十分に支持されない。なぜか。なぜなら、相対主義の構造がある状況においては、科学へのコミットメントも信仰主義と区別がつかないからだ。

相対主義・信仰主義を退けるには、x＝〈意味がある無意味〉＝真理を消去せねばならないのである。それは、真理から事実への転換である――以上において「真理」と言っていたのは、正確には、「必然的にそうであること」であり、対して、いま導入した「事実」とは、「非‐必然的＝偶然的にそうであるだけのこと」である。真理＝「必然的にそうであること」をめぐって生成される相対的言明、これを「解釈」と呼ぶことにしよう。相対主義を超えるとは、解釈の増殖を止めることだ。無限の多義性を止めることだ。〈意味がある無意味〉の消去だ。

解釈が消える。人々が言明するのは解釈ではなく、事実、すなわち「非‐必然的＝偶然的にそうであるだけのこと」であることになる。xを消去しても、唯一の事実に対応した唯一の言明が得られるわけではない。相対主義が働いていた状況と同じく、齟齬する複数の言明が言われ続ける――だが、言明の複数性の存在論的な性質が変化する。複数の言明は、ひとつの真理をめぐる諸解釈ではなくなり、絶対的に「別々の事実」を言うものとなる。なぜなら、事実は偶然的なのだから、ある事実に対してつねに、それを否定するものも含め、別の事実への置き換え＝分身がありうるからだ。このことは、メイヤスーにおいては、事実としての世界の変化可能性に当たる。

これが、いわゆる「ポスト・トゥルース」の状況に他ならない。それは、真理＝〈意味がある無意味〉が蒸発し、真理をめぐる解釈の増殖が止まり、齟齬する言明がそれぞれ別の事実を言っている状況だ。そしてそれが、〈意味がない無意味〉の側への移行なのである。

ポスト・トゥルースとは、ひとつの真理をめぐる諸解釈の争いではなく、根底的にバラバラな事実と事実の争いが展開される状況である。さらに言えばそれは、別の世界同士の争いに他ならない。真理がなくなると解釈がなくなる。いまや争いは、複数の事実＝世界のあいだで展開される。ポスト・トゥルースとは、真理がもはやわからなくなった状況ではない。「真理がわからないからその周りで諸解釈が増殖するという状況」全体の終わりなのである。そうなると、他者はすべて、別世界の住人である。まさしくこの意味において、あらゆる他者は何をするかわからない者なのである――私にとっての事実の端的さの外部から、別の事実の別の端的さによって、異質なる自明性によって、意味がなく無意味に私に接近してくる他者。

ポスト・トゥルースとは、〈意味がない無意味〉の側への移行である。

| | 意味がある無意味 | 意味がない無意味 |
|---|---|---|
| ラカン | ファルス享楽 | 他の享楽 |
| 浅田彰<br>＝ドゥルーズ＆ガタリ | クラインの壺 | リゾーム |
| 東浩紀＝デリダ | 否定神学システム | 郵便的脱構築 |
| マラブー | 精神（ラカン的な） | 可塑的な脳 |
| メイヤスー | 相関主義 | 破壊・変化可能な実在 |
| | 相対主義 | ポスト・トゥルース |

図1

〈意味がある無意味〉と〈意味がない無意味〉の対立によって、ここまでに登場したトピックを整理しておこう。私は、右側に並ぶトピックの共通性を捉えようとしている（図1）。

もはや問題は、解釈の争いではない。世界と世界の争いである。そうなっているにもかかわらず、その状況を依然として解釈の争いとして見るならば、いかなる立場へのコミットメントもすべて信仰主義となり、何らかの有害な立場に対する科学的批判も信仰主義になってしまう。そうではなく、科学の言明も、その他オカルト的なものであれ何であれ、あらゆる立場はすべて偶然的事実の言明だと見なすというポスト・トゥルース状況の受け入れこそが、私の考えでは、相対主義批判の本質なのである。

そこで問題となるのは、同じ事実をいかに共有するかである。たとえ科学的エビデンスを用いても、人々が同じ事実＝世界を共有することを必然性として主張すると、信仰主義になってしまう。人々がある世界に共存することは、偶然的でしかない。偶然的に成立している共同性としての世界とは、儀礼的なものだと言えるだろう――真理による裏張りのない、ただそうであるだけの身体＝形態の連鎖としての儀礼。

世界が複数化したポスト・トゥルースの状況においては、同じ世界＝事実という儀礼へと人々を誘い込むようなふるまいが必要である。何らかの規範のごり押しではない。ある事実へのインビテーションが必要なのだ。それは、社交である。社交とは、異なる事実＝世界のあいだですり合わせを行い、ひとつの儀礼をつねに未完のものとして、変化可能＝可塑的なものとして構成し続けることである。(13)

前提として他者は別の事実＝世界を生きているのだから、いつ裏切りが起こるかもわからない（＝メイヤスーにおいて世界は、いつ豹変するかもわからない）。そうだとしても、別の世界に属する他者たちを、デリダ的に言えば「歓待」するのである。世界と世界の差異をまたいだ歓待が、相対主義批判の本質である。裏切りの可能性に耐えながら歓待すること、そのことが、儀礼の可塑性に一致している（「アンチ・エビデンス」）。

真理による裏張りのない、ただたんに共にいるだけだという事実を組織すること、共存の時空を〈意味がない無意味〉にまで切り詰めること、それが儀礼である。

## 7　自明性の過剰

我々が無限の多義性に溺れることなく行為できるのは、身体を持つからだ。我々には、身体性が弱まり、多義性に、すなわち思考に溺れるときがある。それは、アンリ・ベルクソンの言葉で言えば、「夢」を見ている状態に当たるだろう。

ベルクソン『物質と記憶』に出てくる「逆円錐」のモデルを援用してみよう（図2）。ベルクソンによれば、その先端部Sには、行為が位置している。行為においては、身体による「イマージュ」――ベルクソンは事物一般を「イマージュ」と呼ぶ――の有限化がなされている。逆円錐の上部には、無限の多義性＝接続過剰の状態が位置づけられるだろう。そこは記憶の領域であるとされる。そして、記憶のリミットとしての逆円錐の底面では、無数のイマージュがランダムに離合集散している。夢を見ている状態とは、行為から遠ざかって、記憶の底の方で、イマージュのアナーキーな離合集散に溺れることである。

私が「思考停止」や「頭空っぽ性」といった概念をあえて肯定的に使用するのは、それこそが行為の条件だからである（「思考停止についての試論」、「あなたにギャル男を愛していないとは言わせない」）。現実的な世界を生きるとは、潜在的に無限な多義性の思考から、有限な意味を身体によって非意味的に切り取ること――そして、行為するということだ。

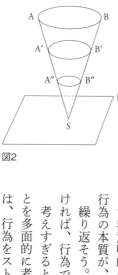

行為の本質が、〈意味がない無意味〉なのである。

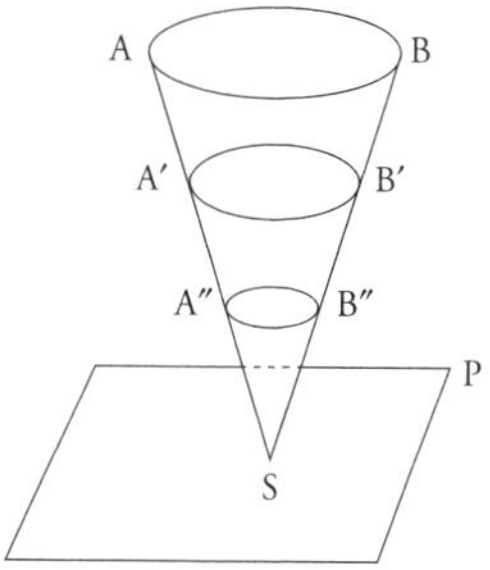

図2

繰り返そう。考えすぎる人は何もできない。頭を空っぽにしなければ、行為できない。

考えすぎるというのは、無限の多義性に溺れることだ。ものごとを多面的に考えるほど、我々は行為に躊躇するだろう。多義性は、行為をストップさせる。反対に、行為は、身体によって実現される。無限に降り続く意味の雨を、身体が撥ね返すのである。

『動きすぎてはいけない』以来、次第にはっきりしてきたのは、私は、ドゥルーズにおいて必ずしも明確でなかった現実性の本質に考察を集中させているということだ。ドゥルーズは主著『差異と反復』で、「潜在的なものの現実化」を論じた。そこでは、潜在性にプライオリティがあった――実在的なのは潜在性であり、現実性はそこから派生する次元である。これに対して、私は逆に、現実性の側にもうひとつの原理性を認められないかと考えるようになった。

現実的つまり行為的な世界が生じるには、潜在性の他者が必要ではないのか。絶対的な他者としての現実性が。身体の存在理由は、潜在性のうちにはない。身体の発生は、潜在的に準備されているのではない。身体は外部から発生する。おそらくは無から。いやむしろ無とは、具体的な諸身体そのものではないのか――というトートロジー(「此性を持つ無」)。

ドゥルーズの構図を反転させる。ドゥルーズにおいては、潜在性の肯定が存在論の極致であり、潜在性のプライオリティの下で、潜在性と現実性の相関が成り立っている。私はそれとは反対に、現実へと向かう。存在論のもうひとつの極致としての現実。ただたんなる現実、そうであるからそうだ、ということ。そのようにトートロジーとして言われるしかない状態が、潜在性の干上がり、「ポテンシャルレス」の状態である。

ドゥルーズにおける潜在性と現実性という対は、アリストテレスの「デュナミス」(可能態)と「エネルゲイア」(現実態)につながる。私の問いは、エネルゲイア、現実態の方に向けられている。あるいは、完全に可能態が現実化された状態、「エンテレケイア」(完全現実態)。さらに言えば、現実態の極致、もはやデュナミス、可能態に依存しない状態について私は考えている――「純粋現実態」である（それがトマス・アクィナスにおいては「神」だった）。ポテンシャルレスな現実態、すなわち純粋現実態。〈意味がない無意味〉としての身体＝形態とはそれである。純粋現実態とは、有限な存在＝行為する存在である。

ただたんなる現実、そうであるからそうだ、というトートロジーの閉域。意味がなく無意味な二度塗り。トートロジーが真なのは自明だが、まさにその自明性が、存在するということの過剰さ、存在の盛り上がりなのだとしたら。自明性の過剰、意味がなく無意味な分身の存在。

私はこれまで、分身のことばかり書いてきた。

ただたんに、もうひとりの誰かがいる、ということを。その驚きを。

（1）『存在論的、郵便的』は第二章の冒頭において、「形式化の自壊」に関する柄谷行人の仕事――『隠喩としての建築』、『内省と遡行』など――を決定的な前提として召喚している。

（2）内部と外部が連続している構造。現実界は、意味の世界にとって内的外部＝外的内部である。

（3）メイヤスーの議論では、「弱い」相関主義＝カントの場合と、現代的な「強い」相関主義が区別されている。本稿での定義は、正確には「強い」相関主義であるが、それをたんに相関主義と呼ぶことにする。カントにおいて物自体は、認識不可能だが、思考可能なものである。強い相関主義では、物自体が認識不可能で、かつ思考不可能となるが、「思考不可能なもの」が残存する。つまり、物自体の空白のポジションだけが、穴のようなものとして残るのである。

（4）これはアルチュセールを論じる文脈のなかで言われている。東浩紀『存在論的、郵便的――ジャック・デリダについて』新潮社、一九九八年、一四〇頁。

（5）マラブーの場合では、この物質的世界内での物質の破壊・変化可能性だが、メイヤスーの場合では、この物質的世界それ自体の破壊・変化可能性であるという違いがある。後者は、物質「性」それ自体の破壊と変化であり、それは「物質の高次の破壊・変化可能性」として前者から区別されるべきである。

（6）ジャック・デリダ「真実の配達人」清水正・豊崎光一訳、『現代思想』第一〇巻第三号、一九八二年、五八頁。

（7）厳密に言えば、変化可能性に力点を置くことでマラブーはデリダとの立場の違いを主張しているのだが、本稿ではその違いは問題にしないこととする。

（8）この「減算」概念については、カンタン・メイヤスー「減算と縮約――ドゥルーズ、内在、『物質と記憶』」岡嶋隆佑訳、カンタン・メイヤスー『亡霊のジレンマ――思弁的唯物論の展開』岡嶋隆佑・熊谷謙介・黒木萬代・神保夏子訳、青土社、二〇一八年。

（9）ドゥルーズ＆ガタリは、「器官なき身体」または「器官なき充実身体」とも呼ばれるものをファルス中心的な精神分析の外部に置いた。私のパラマウンドは、その身体概念におおよそ相当する。

（10）ラカンに従うならば、様々なジェンダー・トラブルの事例は、この享楽の概念区分にもとづいて説明されることになるが、私が言おうとしているのは、享楽の概念区分それ自体に決定不可能性が生じるという、理論そのものにおけるジェンダー・トラブルである。

（11）ラカンにおける不気味なものの解釈については、松本卓也氏から貴重なご助言をいただいた。ここに感謝の意を記したい。

（12）自明性の過剰とは、統合失調症の対極である、だが、神経症――精神分析では、神経症が統合失調症と対立をなす――でもない状態である。ドゥルーズ＆ガタリは、この状態こそを、逆説的だが「スキゾ」と呼んだのかもしれない。

（13）このことを、ドゥルーズは『シネマ2』において「この世界への信」と言ったのではないだろうか。

# I 身体

# 思考停止についての試論——フランシス・ベーコンについて

フランシス・ベーコンの絵画は、何をしているのか。モデルを参照した具象性を全廃はせずに、回し歪められ、ぼかされた身体は、生（そして性）のお決まりのパターンから逃れ出さんとするエネルギーの過剰を示しているようでもある。しかし彼の絵画は、脱出のテーマを言わんとしているのではないと私は思う。むしろ、その反対ではないだろうか。重要なのは、硬化したフレームへの引きこもり、パッケージ、圧縮である。いわば〈閉域〉の問題だ。それこそが、ベーコンと私たちのあいだにある共感の本質ではないだろうか。

あれらの人物たちは外へ逃れ出ようともがいているのではない。むしろベーコンは、強く圧縮されて内に褶曲した身体を積極的に言祝《ことほ》いでいるように思われる（図1）。あえて身体を閉じること。それを喜ぶことは「倒錯的」である。ベーコンは実際、性愛においてマゾヒストであったけれども、それは特殊な事情と考えるべきではない。ベーコンの絵画は、私たちに、もっと穏当な日常における様々な〈閉域〉に気づかせる。そして、私たちが〈閉域〉に、微弱にではあれマゾヒズムめいた快を感じているという事実に気づかせるのである。

日常とは、種々の「お約束」、「定石」、「コード」の束なのであり、それらはまさしく、ベーコンのカンバス内で区切られた透明な「檻」に他ならない。いたるところにある多重のフレームの内に

図1　フランシス・ベーコン《ジョージ・ダイアの三習作》1969年

褶曲した結果が、あなたの顔貌であり、姿態なのである。このように日常におけるマゾヒズムを考えるならば、ベーコンの絵画は、特殊にスリリングな場面ではなく、平凡なる日々の構造の隠喩として見えてくるだろう。

初期の作品からベーコンは、対象をパッケージして隔離する、分離するための独特のモチーフを使っている。矩形に仕切られた色面、傘、カーテン。これらは、何かの侵入を遮蔽するものであるかのようだ。何かを、仕切っておくのでなければならない。カーテンで。たとえば、画面全体に施される縦縞のぼかし——代表的な「叫ぶ教皇」の場合など——は、対象が消滅していく速度を示すかに思われなくもないが、そうではなくあの表現はむしろ、静的に被せられたカーテンあるいはスクリーンであり、画面を丸ごと〈閉域〉にする機能を発揮している。

多重のフレームのなかに隔離する、分離することは、絵画という形式それ自体にとって最重要のことである。ものごとを〈閉域〉に囲い込むこと、何か（枠外の）から切断してこれをひとつの作品にするということ。この所作を、写真の技術は簡潔に体現している。非人称的なフレームのなかに閉じ込め、固定して、動態の連続性を台無しにする。ベーコンの着想源であった連続写真の一コマは、何か――この場合は、連続的な動態としての世界――から隔てられた〈閉域〉に他ならない。写真に、あるいは映画の一部に触発されるとき、ベーコンはおそらく、途中で止まっているという事態に魅惑されている。非人称的に、ナンセンスに切断され密閉された、ある一時停止の状態。ベーコンは、自作を展示する際に、金の額縁に入れてガラスをはめることを指示したという。この指示は、彼の画業の本質を圧縮的に示唆しているのかもしれない。ガラスによって自らを物理的に防御すると共に、金の額縁というありふれた装飾によって、自らを意味的にも防御している。金の額縁はカモフラージュである。絵画史のなかに紛れ、隠れるための迷彩である。

ベーコンの絵画は、絵画の秘密としての〈閉域〉を誇張的に問題にしている。それは、一種のメタ絵画なのである。そして彼のメタ絵画は、さらに一般化すれば、形式ということそれ自体、決まり事ということ、あるいは「法」それ自体についての省察である。どういうことか。

ジル・ドゥルーズの『ザッヘル゠マゾッホ紹介』を参照してみよう。マゾヒストは、自分を処罰する法から快楽の効果を得てしまう。法は、罪人を喜ばせるためにあるわけではない。しかしドゥルーズによれば、マゾヒストは、法に徹底して服従することで、法の正しい効果をひっくり返してしまうのである。法の本来の意味を、形式としての法に徹底して服従することで、無効化してしまうのだ。法の効果を、苦から快に、内への褶曲によって転換するのである。

法の外に逃げようとするのではなく、法の内で法をひっくり返す。これは「内在的」な反抗であり、遊びである。そして、日常において法的なフレームから完全に逃れる外部はありえない以上、私たちは、マゾヒスト的な工夫をするしかないだろう。これこそが、ベーコンにおける身体の回転、歪み、捻れのことである。私たちは、日常の多重のフレームのなかで、それらを活用して内的に姿勢を変えている。

フレーム、傘やカーテン、ガラスと額縁。こうした外枠的なモチーフの遮蔽効果は、また、内容的なモチーフにも見出される。教皇、スフィンクス、動物や人体は、意味のレベルにおいて〈閉域〉である。これらは、明白にそれであると分かる、それゆえに謎めいているとも感じられる、定番の形態に他ならない。それらは、潜在的に多義性を有するだろうにしても、その圧倒的に〈文字通りにそれでしかない〉という閉じた自己準拠の佇まい――このことは、私の好みで言えば、スフィンクスの作品において際立っている――によって、多義化を遮断しているように思われる。ベーコンにおいて〈閉域〉としてのモチーフは、教科書のなかの This is a pen. といった文、そうした途方もなく馬鹿らしい〈文字通りにそれでしかない〉ことによって、多義性への問いかけ――へと誘う何かの予感――を遮蔽するのではないか。ある〈文字通りにそれでしかないこと〉から、別の〈文字通りにそれでしかないこと〉への移行である。この移行は、意味を生産しない。無意味に別々である複数のものごとの提示。そこから意味を汲み取ることもできるだろう。けれども、試してみるのだ。たとえば、スフィンクスと、ネクタイをした男の重なりを、無意味に別々である二つの思考停止の重なりとして、見ることを**（次頁、図2）**。

だからベーコンの絵画に、何かをもっと深く無限に多様に考えさせてくれる魅力を求めても無駄なのではないか。その魅力はむしろ、何かへ向かう思考を中断するにはどうすればいいか、何かへ

図2　フランシス・ベーコン《スフィンクス》1953年頃

の途中に衝立を挟むにはどうすればいいか、という問いにあるだろう。あえて思考の深まりを停止させる。一時停止させる。その一コマを密閉する。何かに捲き込まれないために。壁、衝立、パーティション——ベーコンは、インテリア・デザイナーから画家に転身した。家は、私たちを何かから隔離してくれる。ところで、建築家であれば、家の構造を本質的に追究するために、何かに厳しく対峙せざるをえまい。が、ベーコンの仕事は建築家的ではない。本体としての家のなかに、もうひとつの擬ー家をでっちあげることで、家とその外の何か——その外の何かと不可分である家——から目を逸らすための技術を洗練させるのである。本体的な家が何かと闘っているという事実を、インナー＝下着としての絵画によって、押し返すのである。

建築から内装へ。内部の内部を作ること。複数の。仮設の。様々に区切られた内部の内部。ベーコンの画面では、複数の形象が、互いに奇妙な無関心の風情で並立する。無意味に別々であるそれらは、解法なき暗号として、それゆえに、もはや暗号であるのかどうかすら分からない暗号として存在している。おそらくベーコンの無意識には、様々なイメージや言葉が、そうした解法なき暗号として――〈文字通りにそれでしかない〉装飾として――散らばっているのだろう。私たちの個々の無意識もまた、そうなのだろう。そこから意味を汲み取ろうとするのではなく、無意識におけるイメージや言葉を、内装的に、配置の工夫によってどうにかするという生の、性の技法が、あるのだろうか。

傘やスフィンクスの〈閉域〉としての機能を、私やあなたの場合では、どんな形象に託して作動させているのだろうか。私たちは、世界のあちこちをどのように内装化しているのだろうか。街を、傘だらけにする。物も人も動物もすべて、遺跡のように硬化させ、その前で呆然とする、あくびをする――叫びのような、あくびをする。何かに対する恐怖から薄いカーテン一枚で隔てられている、そんなあくびをするのである。

ベーコンのメタ絵画＝法哲学は、ある程度のところで、これ以上はもう思考しないことについての思考を促している。思考停止についての試論――これが、ベーコンの画業に付されるべき副題であるとしたら、どうだろうか。私たちの日常は、多様な思考停止に満ちている。単一の思考停止ではない。多様に貧しい思考停止の連鎖が、私たちのアクションなのである。色々なセクシュアリティは、他者に対する何らかの縮減されたイメージに依拠している。特定の――必ずしも政治的に正しいわけではない――好悪や、フェティシズムを伴うことなしに恋することはできないだろう。馬鹿げた〈文字通りにそれでしかない〉ことの興奮。ある下着、この肉付き、This is a pen. ――二人で閉じこもり、すべてを見せ合うことなしに、文字通りになる。男二人の、異なる思考停止のすれ違いは、夜ごと、多様に貧しく彩られていく。

＊本稿は、次の展覧会の批評である：「フランシス・ベーコン展」東京国立近代美術館、二〇一三年三月八日－五月二十六日。
＊図版の出典：『フランシス・ベーコン展』日本経済新聞社、二〇一三年。

# ズレと元々——田幡浩一「one way or another」展に寄せて

絵画が、いったんの完成に到達する。ひとつの試みとして、仮固定される。決定する、決定される。もちろん他のやり方もあった。しかしこのやり方になった。なってしまったのだ。

日々行っていることを考えてみよう。私たちはどうやって様々なプロセスを決着させているのか。二人の喧嘩が「程よい」ところでどうでもよくなる——納得したからだろうか、疲れたからだろうか。ネットニュースの渉猟をやめて、ランチに出かける——腹が減ったから、だろうか。プロセスが止まる。止まってしまう、止まることになった。他にもたくさんの可能性が考えられるのに、ある「ここまで」に逢着してしまった。仮に？　説明できる面はある、説明責任を取れる面はある。だがその「ここまで」は、偶々のことでもある。説明可能な因果性がすべてではない、かといって偶然性がすべてなのでもない。因果性と偶然性にまたがるグレーゾーンを考えなければならない。それを示すのに、日本語の「〜してしまう」や「〜することになった」などの言い回しはとても便利である。私たち＝人間がこれらを使った文の主語になるとき、その文は、私たち＝人間の（意志にもとづく）責任をいくらか免除する、非人間的な、他の原理の存在をほのめかしている。半分はそれのせいなのだ……。それが、実践のプロセスを、主体の外部において中断する、有限化させる——外的な有限化の原理。

田幡浩一の制作ではつねに、主体の自律性と、外的な有限化に身を任せてしまうという意味での他律性との拮抗を、問題にしている。さらに言えば、彼の作品は、他所に身を任せてしまうことを操作するという逆説的な意志に、注意を向けさせるものである。田幡は、様々なメディウムにおいて、今回はたとえば絵画において（あるいは、たとえばアニメーションにおいて）、自律性または恣意性と、外的な有限性に頼る他律性との相互陥入を、面食らうほどに最小限の方法で――まるで、たったひとつのパラドックスに集中する研ぎ澄まされた短論文のように――取り扱っている。ここにあるのは、描画とはどういうことかという本質的問いの形態化である。と同時にそれは、私たちの実践一般への原理的な問いかけとしても機能するのだ。

初めに、わざと、田幡の判断によって（かつ、彼の外にある物理的等々の条件に規定もされて）ズラして置かれた二分割の支持体に、再現的表象――無個性的なデッサン、すなわち、田幡の判断の外にある「元々」の何かの引き写し（であることに努めているとはいえ、それでもそこにズレ＝個性的表現が生じざるをえないのは、言うまでもない）――が描かれる。その後で、支持体を「元々」の、ぴったりの位置――そこが「元々」であるとひとまず恣意的に認められるだろう、ある位置――に戻すと、結果として「ズレた絵」が生じる。大きく言えば、ズレていないこと（他律性‐有限性）／ズレていること（自律性‐恣意性）が、互いに依存しあうように仕組まれている。のみならず、注意せねばならないが、他律性‐有限性／自律性‐恣意性という対立は、ズレていないこと、ズレていることのそれぞれにおいて入れ子状になっている。支持体の最初のズレは、田幡の決定事項であると同時に、何らかの外的条件に拠ってもいる。あるいは、描かれる対象の形態は

「元々」そのようであるわけだが、たとえばチーズを対象に選んだのは田幡であり、その判断は恣意的であり、そして外的条件に拠ってもいる。支持体がぴったりに長方形をなしたところでプロセスを停止させることは、ある他律性の恣意的な採用なのであり、そこで止まらなくてもよかったの

田幡浩一《one way or another (camembert)》2016年

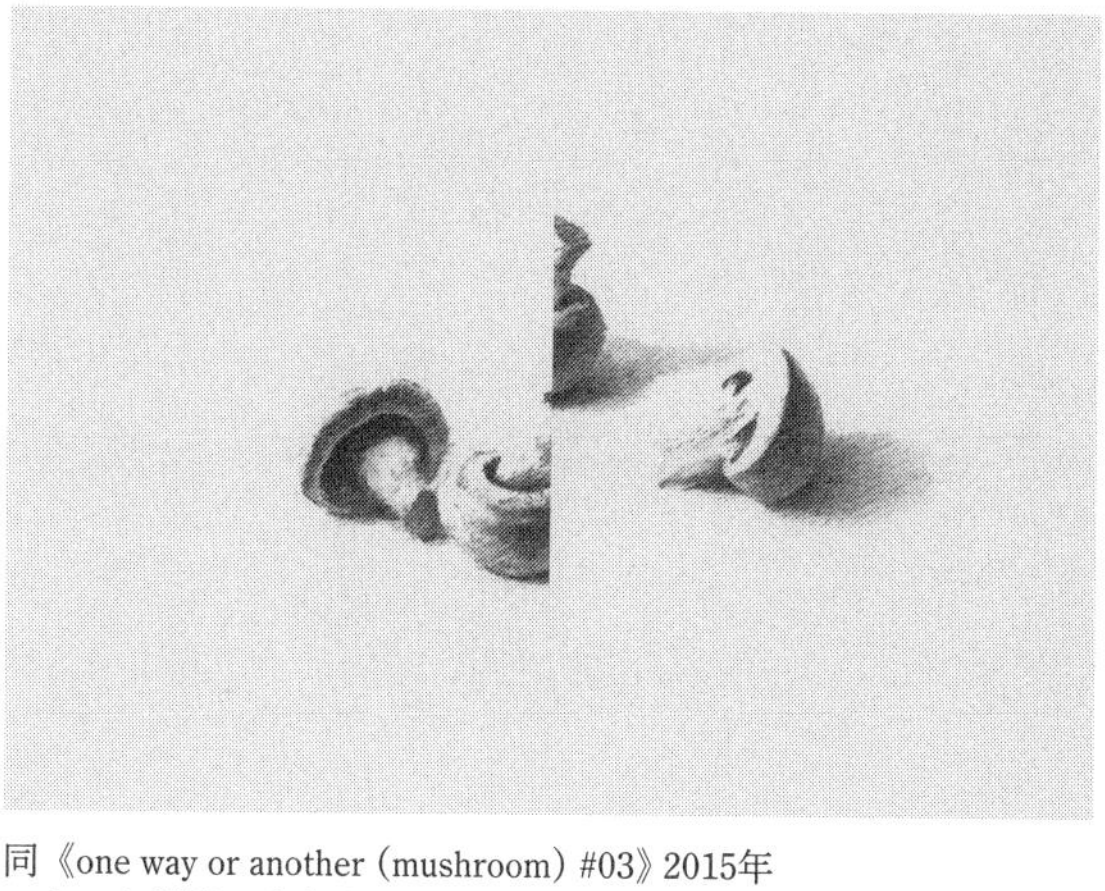

同《one way or another (mushroom) #03》2015年
2点とも撮影＝木奥恵三

に、そうなってしまったのだ、今回は。

結果として生じる「ズレた絵」は、田幡に特有のニュアンスをかすかに帯びているようだが、しかし、それは「たんにズレただけの絵」でもある、という残酷さが、属人的な味わいを味わおうとする私たちの鑑賞習慣を攻撃する。描かれる対象、描画材、支持体のサイズ、ズレの初期値……それらに関する〈彼が決定する／彼の外で決定されてしまう〉のあいだのスラッシュが多重化するなかで、たんなる再現性と何らかの表現性が、互いに対して悪あがきをする。二分割、二元性。ズレることになったとは、どういうことなのか。かつ、何らかの「元々」が外にあるとは、そしてそれに依拠して有限化が起こるとは、いったいどういうことなのだろうか？

＊本稿は、次の展覧会の批評である：田幡浩一「one way or another」、ギャラリー小柳、二〇一六年二月二十四日－三月二十六日。

＊図版の出典：本稿の図版はすべて田幡浩一氏ご本人からご提供いただきました。氏のご協力に深く謝意を申し上げます。

# パラマウンド——森村泰昌の鼻

森村泰昌の「変身型セルフポートレイト」[1]は、性、人種、ナショナリティ、階級といった諸々の差異をめぐる権力関係をユーモラスに乱調するものとして、かつ、そうした乱調が、実のところ、グローバル資本主義の流動性そのものであることをアイロニカルに示しもするものとして国際的に評価されてきた。[2]森村の営みは、つまり「ストレート」に整序された文化史に潜む「クィア」な読解可能性を明るみに出すために、自らの「変態」——metamorphosis かつ queer——によって文化史をハックすることである。そして、その変態によって森村は、独特の存在感を帯びた身体イメージの強度を得ている。この強度をかろうじて言葉にしてみることが、本稿の狙いである。

森村の身体イメージの、明らかに政治的なクィアさではなく、むしろ存在論的なと言えるだろう謎めいた、しかし謎めきながらも明らかなクィアさを問うこと。そうした問いを引き起こすのは、とりわけ「女優」シリーズである。

千野香織は、「美しく、しかもおかしい森村泰昌の「女優」シリーズは、それを見て不愉快になる男たちが絶滅しない限り、今日の日本で、大きな意味をもち続ける」と書いているが[3]、とすれば、いつかこの国の現状が打倒される日が来るなら、そのとき森村の作品は、もはや「大きな意味」を持たなくなるのだろうか。そうであると同時に、そうではないだろう。「なにものか」が残るだろ

図1　森村泰昌『芸術家Mのできるまで』表紙

う。近年の森村は、女装から再‐男装へと向かい、二十世紀に大事をなした男たち――ヒトラーやチェ・ゲバラ、アインシュタイン、三島由紀夫、毛沢東など――を演じる「なにものかへのレクイエム」シリーズを展開しているが、その明らかな歴史批評の内容よりむしろ気がかりであるのは、「なにものか」としか言えない存在の明らかに謎めいた形式いや形態《フォルム》である。それこそが以前から一貫して追求されていたものであり、来たるべき社会においても残るだろうものだと思われるのである。

自著の表紙にも多用されることで（図1）、森村といえば女装という印象づけをすることになった「女優」シリーズは、先立つ「美術史」シリーズ後期における複雑なCG処理から、森村の原点である写真撮影の単純さへと戻っている。そこで鷲田清一は、コンピュータの導入によって一時期「そぎ落とされていった」と見える「生身」の「触覚性」が、「女優」シリーズにおいて回復されているのか、それとも、このシリーズはやはり「ブロマイド的世界」であり、生身への「距離」こそが肝要なのだろうかと問う。森村の答えは、両義的なものである――「明らかに生身」なのだが「ピンナップ」であり、しかし「ただの普通のピンナップじゃない」、「普通の生身じゃないんです(4)」。

どういうことだろうか。

　摑み切れないリアルと、囮としてのイメージのあいだにのみ女優森村は存在する、といった解釈ならば容易いわけだが、もっと形態論的に考えることもできる。すなわち、女優森村の身体において特異な、というよりも特異体質的（idiosyncratic）なバランスで処理されているのは、触覚的な立体性と視覚的な平面性の融通である。女優森村は、「目によって触れたい」、「手によって見たい」という欲望をそそるのだが、そのとき彼＝彼女は、（ｉ）触覚的な立体性／視覚的な平面性のあいだで宙づりとなり、在るのだが不在感を持ち、不在だが存在感を持つのと同時に、（ⅱ）しかし過剰なまでの、明らかに謎めいた「現前性」を充たして光り輝いている。

　第一のあり方を優先した場合には、有効な解釈格子は、ラカン派の精神分析であろう。それに則れば、女優森村の存在／不在感は、「欲望の中心欠如[5]」をめぐる「幻想《ファンタスム》」のそれであると解釈しうる。しかしながら、同時に、過剰なまでのと感じられる現前性のその過剰さを、精神分析の定石とは別のしかたで尊重することもまた不可能ではない。本稿ではそれを試みようとする。

「変身型セルフポートレイト」の形態的特性を改めて確認したい。森村は、既存のイメージをみずからの身体によって立体化した上で、それを再‐平面化する。これは「美術史」シリーズ以来の手法だが、マドンナやマイケル・ジャクソンに扮した「サイコボーグ」シリーズ、そして「女優」シリーズでは、イメージとして流通している（そもそもは立体的な）他者の身体を、自らの身体により再‐立体化し、それを撮影することで、異化された立体性の奇妙な気配をイメージとして再‐現前化、いや、誇張的に「強‐現前化」――représentation の re を「再」ではなく「強意」であると

図2　森村泰昌《セルフポートレイト（女優）／ドヌーヴとしての私・3》1996年（部分）

するジャン＝リュック・ナンシーの解釈[6]——させている。その範例として、カトリーヌ・ドヌーヴに扮したものを挙げておこう（図2）。「美術史」シリーズ後期以後の森村は、分身の数を増やし、題材とその処理をいっそう通俗的にし、性転換という人目を引くテーマを看板にし、「私」を「エスカレート」させていったと評されるが[7]、そのとき森村は、「私」という人称性を超えたというかその傍らへ踏み外したところで——paraという接頭辞の二つの意味であるbeyondとbeside、これを応用していく（注17を参照）——、「なにものか」としての身体のますます輝ける、盛り上がった強－現前性を発揮するようになっていったのではないだろうか[8]。

異化された立体性のイメージとして在ること、それはいわば、隆起しつつ表層に再－内在化しているトポスとして在ること、盛り上がったところ、丘、塚、墳墓のようなもの、「マウンドmound」として在ることである[9]。女優森村は、盛り上がったマウンドとして、すこぶる積極的に、しかしおそらくは虚勢も張らず去勢もされずに、輝いて在るように見える。そして、そのことが、女優森村の身体において特異な、というよりも特異体質的なバランスで存在する「鼻」によってしかるべく誇張されているように思われるのである。

森村は、子供の頃に「強いコンプレクスの原因」であったという「大きい」鼻こそが、「変身型セルフポートレイト」を可能にしたと述べている。森村の鼻は、どれほど変態しても森村であり続けること、「変身型」とはいえあくまで「セルフポートレイト」であることを表示する同一性のマークであるとも言えようが、かつ、それを介して森村を他者化させる変換機としても機能している。

「（……）これまで私はざっと三〇〇人くらいのキャラクターを演じ分けてきたのでしたが、ある席上、なんで私がひとつの顔でありながら、そんなにたくさんの顔になれるのだろうかという話題になって、「鼻だっ」という結論に達したことがありました。クレオパトラではないけれど、もし私の鼻が低くて小さかったとしたら、私のセルフポートレイトの作品は生まれていなかった！」[10]——しかしなぜ、そうなのだろうか。

森村自身は、続けて「大きい鼻を小さく見せることはできても、その逆は難しいというわけです」と言っているが、大は小を兼ねるというこの理由づけに、精神分析を介入させてみよう。「小さく見せること」もできる大きい鼻、その目立ちぶりがときに不在化されるにしても、その不在化によってむしろ潜在的に目立つ鼻こそが、作品の特異点をなす——森村にとってそうした鼻への執着は、さしあたり定義せずにラカンの用語を使うなら、「想像的ファルス」の喪失という「欲望の中心欠如」をめぐることであるのかもしれない。そして、変態する森村に対する私たちの眼差しは、その鼻に気をとられつつ気にせず、気にせずとも気をとられるなかで、次のようなラカンのテーゼ

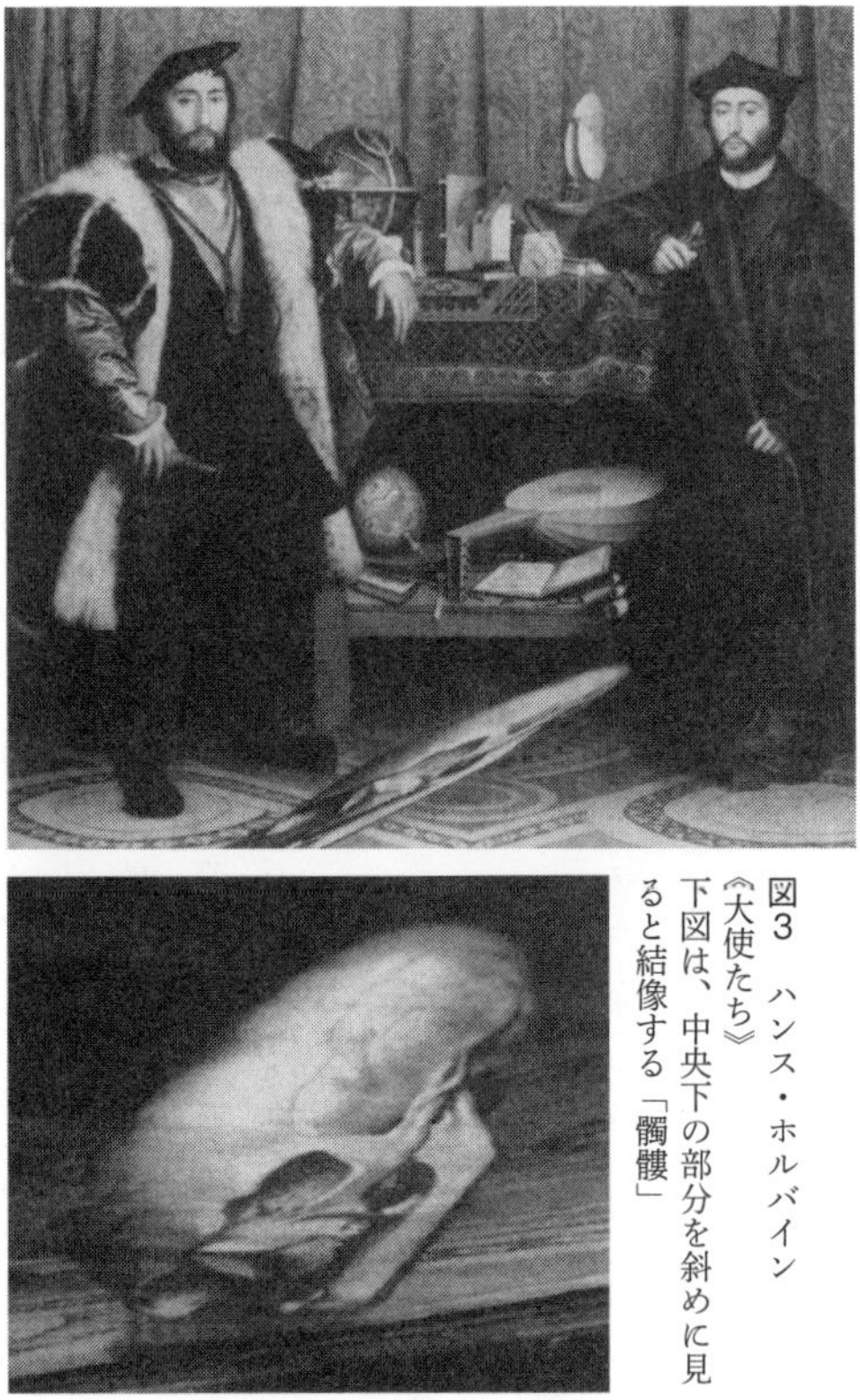

図3　ハンス・ホルバイン《大使たち》
下図は、中央下の部分を斜めに見ると結像する「髑髏」

を体感することになるのかもしれない――「眼差しはそれ自身の中にラカン代数式でいう対象「a」を含み持つことができます。そして、主体はそこに落ちにやって来るのです。視の領野の特徴をなし、この領野に固有の満足を生ぜしめるのは、構造上の理由から主体の落下がいつも気づかれずにいる、という事実です。気づかれずにいるのは、この落下がゼロになってしまうからです。対象「a」としての眼差しが、去勢の現象において現れる中心的欠損を象徴化することになり、（……）眼差しは主体が見かけの向こうには何があるのかを知らないままにしておくことになります[11]」。

いましがたの引用は『精神分析の四基本概念』の一節だが、そこでラカンは、ホルバインの《大使たち》に仕組まれたアナモルフォーズについて考察している。正面から見ると、バルトルシャイティスによれば「イカの甲」のようだとされる部分が、斜めから見ると「髑髏」として結像する（図3）。こうして歪んだディテールがふいに死のシンボルと化すとき、その視角移動において自覚される眼差しは、観者自らの根源的欠如、想像的ファルスの喪失＝死、つまり「去勢」の現実を突きつけられておののくと同時に、その眼差し自体が「対象a」として愉しまれることで、去勢の現実は否認される。

森村のマリリン・モンローを題材とした連作では、アナモルフォーズではないにしてもやはり斜めからの眼差しが欲望の光学と関わっている。そこで森村は、マリリンとなった自己を、斜めから見上げる構図で撮影することで、いささか鼻を小さく見せているように思われる。そもそもマリリン、本名ノーマ・ジーンは、丸く膨らんだ鼻を整形手術によってより細く仕上げたと言われているが、森村の構図設定の効果はこのコンプレクスを連想させる。マリリンと化した三つの作品（一九九六年）を見てみよう。（1）まずは、風でスカートが持ち上げられている、よく知られたシーン（次頁、図4）。持ち上がる途中で止まったスカートによって、その向こう側――に秘められた想像的ファルスの在／不在――をめぐる懊悩をかき立てる場面である。それを再演することの意義は、他の二作との関係によって明らかになる。（2）ぐっと後ろに反った姿勢をとり、腕によって鼻を半分隠してしまうことの代わりのように、フェイクの乳房――つねにまやかしである対象a――を見せつけるもの（次頁、図5）。（3）そして《黒いマリリン》では、以上と比べて若干強調されている仰角の構図、およびフラッシュの効果によって鼻が顔面に馴染み、不在化とまでは言えないにせよかなり目立たなくなっているのだが、その代わりのようにスカートの下からフェイクのファル

図５　同《光るセルフポートレイト（女優）／赤いマリリン》1996年（部分）

図４　森村泰昌《光るセルフポートレイト（女優）／白いマリリン》1996年（部分）

スが姿を見せている（図６）。

《大使たち》の場合、斜めから見たときシンボリックに告げられるのは去勢であったが、森村＝マリリンの場合は、おそらくそうではない。森村＝マリリンは、斜めから見ても、フェイクの乳房、フェイクのファルスを堂々と露わにするのであり、それは去勢のリアリティを断固として否認し続けることである。決して死のシンボルへと直面しないのだ。大きくかつ小さくある鼻は、在／不在のバイナリーな不安を暗示しつつそれを覆っているのだが、もしこの覆いに満足しすぎているとすれば、もはや、その背後の不安など問題にならなくもなるだろう。

　特権性を付与された鼻は、やはりファルスへ通じると言わざるをえないのだろうか。だが、そもそもなぜ精神分析にとって、フ

図６　同《光るセルフポートレイト（女優）／黒いマリリン》1996年（部分）

ァルスはすべての虚焦点だとされるのか。これは巨大な問いであるが、当面必要な限りでの考察をしておきたい。以下の記述は、原和之『ラカン――哲学空間のエクソダス』を参照したものである。

幼児期の自他関係において、主体は、みずからの生存を支えてくれる他者――通常は「母」――が望むもの「である être」ことを望むのだが、その他者が望むものは、よく分からぬxでしかない。このxを、ラカン派精神分析では「想像的ファルス」と呼んでいる。

原和之のラカン解釈では、ペニスの特性として二点が挙げられている。第一に、「まずペニスは、その膨満によって成長のアレゴリーたりえているということ[12]」。ペニスは、将来へと続く時間、より精神分析的に言えば、将来にわたり諸々を望み続けて時を過ごしていくことを体現している。第二に、口唇と食物、肛門と排泄物といった対象関係における欲動が「一種の自己触発」のエコノミーを持つ、「つまり刺激の解消に向かっての動き（食物の摂取、排泄）が、側面的に新たな刺激の源泉となる」としても、こうした過程はずっと続くわけではなく、（食物や排泄物の）「分離」によってシャットダウンされるのだが、対してペニスの場合には、もちろん分離できないため、その自己触発がはっきりシャットダウンされず、そこに「望むことの蕩尽されない剰余」をわだかまらせるという特性がある[13]。原は、以上二点をまとめて、ポイントは「連続性」であると言う――「望むことの時間」の連続性[14]。

　これをふまえて、エディプス・コンプレクスのドラマを辿ってみよう[15]。まず、主体は、自らの生存に不可欠な他者を引き留めるため、その他者にとってより望ましい――望ましさが連続的に増していく――xであり続けることを望む。そして、そのように望ましさがインフレーションしていく所以として、実のところ、その他者1は、別の他者2――通常は「父」――が望むことを望んでいるという重畳があることに気づく。そこで主体は、他者1の望みとしての他者2が望むこと、しかも望み続けることを望む――ことで、つまりは他者2を介して／と共に他者1を愛する――ようになるのだが、それを無限に続けようとしても挫折するしかなく、望むことの有限性を悟ることになる。こうして、xであり続けることが断念され、その結果、主体は、切断されたxを「持つ avoir」ことを望むようになる。このような、望むことの連続性から始めた上で、その連続性を断たれてもそれでも望むことへの移行において、xは、まず「想像的ファルス」と呼ばれ、次いで、その不可能性を縁取るものとして「象徴的ファルス」が設立される。根源的欠如をめぐって望み続けることがインフレーションし挫折するという、有限な主体として欲望するための可能性の条件をなす超越論的なドラマ。それを実演するための縁《よすが》、いわば超越論的かつ経験的な縁こそがファルスなのである。

　だがそれにしても、私たちは、根源的欠如にもとづく過剰、というよりも欠如の根源的過剰によって衝き動かされるばかりなのだろうか。

そこで、J-D・ナシオのいささか拍子抜けするシンプルな説明を手がかりとして、異なった道を探ってみたい。ナシオは、「この身体的突起物がもつ特徴」として、「ペニスが触覚的にも視覚的にも明瞭なプレグナンツをもたらす」ことに注意を向ける。「まさにペニスのこの「良い形」が子どもの心に刻みつけられ、この身体部分が「ある」か「ない」かという二者択一的な知覚をつくりだす」[16]。ゲシュタルト心理学的なこの説明から、森村のための逃走線を引くことにしよう。「触覚的にも視覚的にも明瞭なプレグナンツをもたらす」ものとして、ペニスではなく鼻を考えてみるのである。それは、「「ある」か「ない」か」という二者択一的な知覚」による性別化をせず、端的に、プレグナンツをもたらすだけである。

のみならず、鼻においてこそ、ペニスとヴァギナが共存すると考えることもできるかもしれない。鼻は、ペニスのようにマウンドであると同時に、穴が分身的に二つ存在し――両性の不可能なる対応関係（ラカンが言うところの「性関係はない」）を傍らに超える分身化として、（少なくとも）二つ――、それらが内室へと通じるのだが、そこはヴァギナのように襞状のマウンド群の入りくんだ地理となっている。そして、こうしたペニス&ヴァギナとしての鼻――「&」とはそれ自体少しく鼻と似た形ではあるまいか？――としての世界の現前性の盛り上がりかつ盛り下がりを、それとして屈託なく肯定しすぎるような存在論へと向かうこと。そこで、変態した森村の独特の存在感、その強度によって着想《コンセプシオン》=懐妊――と同時に「解妊」――される概念《コンセプト》として、欠如を覆う幻想の明滅を傍らに超えてしまう、「パラマウンド paramound」なるものを提案したい[17]。

図7　森村泰昌
《セルフポートレイト（モノクロ）／ヘップバーンとしての私》1996年

パラマウンド、それはファルスを傍らに超えた、丘、塚、墳墓。「パラマウント paramount」と見紛うもの。パラマウントは「至上の」という意味だが、それは「上に amount」＋「達する par（per）」ことである。「上に乗る mount」は「交尾する」ことでもあるから、パラマウントはつまり生殖的絶頂である。しかし「par」で切らずに「para」まで膨らませることで、パラ－マウントは、交尾することを傍らに超える。そして、マウントに力みを入れてマウンドに変えれば、生殖的絶頂を傍らに超えた盛り上がりが得られる。

ところで、ハリウッドの「パラマウント社」は、森村も扮しているオードリー・ヘップバーンを擁していたわけだが、マリリンとなった先ほどのケースよりも、ヘップバーンとしての森村は、その鼻の目立ちぶりを隠していないように見える（図7）。森村＝ヘップバーンは、鼻の頂《パラマウント》をあっけらかんと剝き出しにしすぎるために、欠如を隠すことを傍らに超え、それとして充実したパラマウンドの強－現前性を愉しんでいるかのようだ。

いったんまとめておこう。本稿では、次のような二重の解釈を考えている——森村の大きい鼻は、顔面中心のマウンドとしての鼻の特権性を明示しているが、（1）精神分析的：それは一方で、ファルス的なものとして変態の虚焦点をなしうると同時に、（2）存在-変態論的（onto-metamorphologic）：他方で、その大きさの充実は、変態する身体全体が発揮するパラマウンド性を表してもいる。

パラマウンドとしての鼻は、どこから来てどこへ向かうのか。森村は、身体の細部をテーマとしている芸術家へのメッセージにおいて、[18]「私のこだわり」は鼻であるとして——その鼻型を底にしつらえた《はな茶碗》なるものも作っているほどだ[19]（図8）——、次のように述べる。「「鼻」の先端部にこそ、宇宙と交信できる場所がある。しかしソコに至るのは至難の技である」。どういうことだろうか。宇宙と交信するというのは大げさなようだが、それはおそらく、何らかの他なる世界へと自らの身を、顔を、つまり鼻を向けることを意味するのだろう。しかしここでいう宇宙《ユニヴァース》とは、ひとつ《ユニ》としての外部なのか——洋梨として再-立体化された鼻の複数性（次頁、図9）を、ひとつのファルスをめぐる囮の増殖として解釈しないのであれば、それは、複数の外部への関わりを、そのまま自己の数として体現しているのだと見なされてよいのではないか。

遥かな星々としての他者たちからやってくる光線を受け止めて、いくつもの天文台となる鼻たち。たんに受け止めるばかりではなく、他なる光線たちに触発されるそのときに、自らを形成し、変形させる鼻たち。つまりは、他者への「責任」というとシリアスにすぎる

図8　同《はな茶碗》1993年

が、他者への「応答可能性 responsabilité」ないし感応＝官能性というものが、その（トランス）フォーメーションに賭けられている鼻たち。

そこで思い出されるのは、デッサンに苦心するジャコメッティの言葉である――「鼻の先端に固執するか、何もしないか、どちらかだ」[20]。鼻の先端、まさしく「ソコ」において他者を織りなす力線が交わっているのであり、「ソコ」への応答がジャコメッティのデッサンである。「けさがた私はたいせつな発見をした。（……）それは鼻の先端から始めなければならないということだ。顔のす

図9　森村泰昌《ボデゴン（鼻付き洋梨）》1992年

図10　アルベルト・ジャコメッティ《鼻》1947年

べての部分は鼻の先端から始まって背後に向う動きの中にある、鼻は一つのピラミッドだ。上から見たピラミッドを描くことさえできたら、他の部分は自然にできあがるにちがいない」[21]。ここでジャコメッティは「真実」へ「接近」していると言うのだが、しかし近づくほどにそれは遠ざかっていき、その遠ざかりに沿って、ともすれば鼻は、ピノキオのように引き伸ばされる（図10）。ジャコメッティのオブセッションは、逃げ延びるひとつのピラミッドとしての鼻であるが、これに対し森村の場合は、複数化したピラミッド群、星座としての鼻たちである。そして、ひとつひとつの鼻がまた、おそらくはそれ自体、他者たちが発する複数の光線を受肉した群れの形態なのではないか。

パラマウンドとしての鼻は、いつでも傍らに超えるがゆえに、潜在的に併置された複数のマウンド群なのであり、それら各々の現前性の共鳴が、ひとつの群れの形態を持つかのように誇張されて強-現前化されるのである。

図11　森村泰昌《肖像（ファン・ゴッホ）》1985年

「変身型セルフポートレイト」の出発点である《肖像（ファン・ゴッホ）》（一九八五年）に遡ってみよう（図11）。この作品において、身体の触覚性はもっぱら眼球に宿り、それ以外は平面的に仮装されていると見える。注意したいのは、耳を切り落とされたゴッホになり代わることの意味である。耳とはどういうものか。それは、ジョヴァンニ・モレッリの真贋鑑定法にとって重要な、画家のスタイルが無意識に表れてしまう細部である。とすればゴッホは、少なくとも二重に耳を失っている。一方では、ゴーギャンとのトラブルによって刺激された去勢の再演としての耳を失うこと。かつ、それを表象する絵画それ自体のアイデンティティとしての耳を失うこと。ゴッホの肖像――そこに、森村の生々しい眼球が移入されるとき、それに惹きつけられる観者の眼差しは、欠如をカバーする対象aとして機能するのであり、そこでゴッホのアイデンティティ不安と森村のそれとが共振すると見なすべきだろうか[22]。

圀府《こう》寺《でら》司によれば、「ファン・ゴッホという「不適応者」が、現実との乖離から決定的な打撃を受けた時、精一杯扮装し、自己を隠蔽しながら自己表現を試みた」、「そのようにして生みだされた自画像を森村が最初に選んだことはおそらく偶然ではない[23]」。森村は、おそらくゴッホの苦しみに共感しており、規範的な眼差しから逃れようとして苦しんだ結果、むしろ「徹底して見られる立場に身を置くことにし、見られつつ見返す立場をとることにしたのだ」と解釈される[24]。《肖像（ファン・ゴッホ）》から観者への、社会への見返し。このことは、森村のウォーホル評価にもつながるだろう。ウォーホルもまた、規範的な眼差しを撥ね返す鏡として生きることを徹底した。森村は、ウォーホルの作品でも、とくに《銀の雲》（一九六六年）を好むと言っている。それは、「作品とはいっても、ただの空気枕（あるいは風船）です。ヘリウムを入れてふくらませたたくさんの空気枕が会場に漂っている。この空気枕の表面が、ファクトリーの壁のアルミホイルに似て、鏡面になっている。空気枕の表面の鏡面は、世界中のすべてを反映させることのできる「月」であり、それはまた世界のすべてを引用できる装置でもある。しかし中身はからっぽです。表面しか存在しない「月」。“watch”してもらうことでしか成立しないテレビモニター。アンディ・ウォーホルにまつわる話題は、彼自身がいうように、確かにいつも「背後にはなにも隠されちゃいない」のです[25]」。ここで森村は、《銀の雲》と「ファクトリーの壁」を同一視し、どちらも、それ自身が光源とはならない受動的な鏡面であると見なしている。だが、《銀の雲》について強調されるべきは、その膨らみと複数性ではないだろうか。

あれら「空気枕」は、「からっぽ」なのだとしても、見る／見られる、能動／受動の対立をかいくぐって、それとして盛り上がり、張りつめているのではないか。あれらは、眼差しの戦火を乱反射しながらも、その傍らに浮遊する、諸々のパラマウンドなのではないか（**図12**）。

図12　森村泰昌《銃を持つ私／ウォーホルに捧げる》映像作品　1998年（参考画像）

《肖像（ファン・ゴッホ）》は見返してくる。と同時に、そこで塗り込められていた鼻は、もしかすると、欠如の磁場から逃走するためのパラマウンド性を秘めていたのかもしれない。以後の「美術史」シリーズは、諸々の差異をめぐる記号的操作を洗練させていったが、そこに

図13　森村泰昌《肖像（双子）》1988-90年

は、それと同時にパラマウンドの問題がある。たとえば、人口に膾炙したマネの《オランピア》にもとづく《肖像（双子）》（一九八八－九〇年）に関し、改めて注目されるべきなのは、明らかな人種のテーマよりむしろ、傍らの黒人女性と主人公の白人女性を共に大きな鼻の森村が演じることで強－現前化されるマウンド群の共鳴ではないだろうか（**図13**）。

　同時期の、野島康三が撮った「仏手柑」をみずからの手で演じた作品では、森村は、まるでその全身を手へと凝縮させているかのようである。「なにものか」の盛り上がりとなった手＝森村、その強－現前性（**図14**）。森村は、鼻と並んでコンプレクスを感じていた「小さい手」は、女性を演じるのに役立つと述べているが[26]、その小ささとは、変態する力、あるいは「可塑性 plasticité」の集中としての、花開く前の蕾、蝶となる前の蛹のごとき小ささのことではないだろうか。[27] その集中が絶頂《パラマウント》へと至るとき、縮こまった手は、傍らへと超えた盛り上がり《パラマウンド》としての鼻となる。他者たちの光に触発されて形成され、変形し、蕾であるままに花であり、蛹であるままに蝶である、小さくかつ大きく輝くパラマウンドとしての手＝鼻。

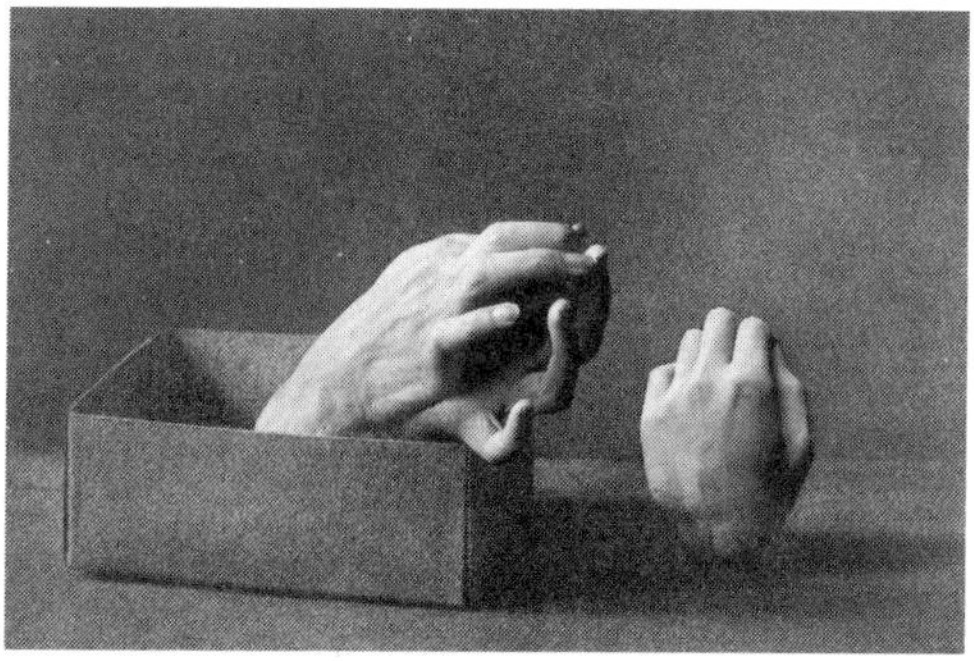
図14　森村泰昌《フィンガー・シュトロン（ノジマ）3》1990年

　こうした解釈を採るならば、「女優」シリーズの魅力は、脱構築的読解を誘う意味作用の釣り針よりも、丁寧なメイクとセッティングでひたすら変態の完成度を愉しむことの（無）意味をぶっきらぼうに投げ出すことで、森村的身体のパラマウンド性をいかんなく発揮したところにあるのだ。存在－変態論的にクィアであること、すなわちパラマウンドとして存在することのあまりにも強い輝きによって、他方で明らかに読み取れる政治的なクィアさは、ほとんどホワイトアウトしてしまうかのようだ。その明るさは、しかし存在の真なる現前性のそれではなく、ということは、存在の真なる非現前性が沈み込む闇夜と対立もせず、また、偽なるものが入れ替わり立ち替わるというファンタスマティックな明滅でもなく、ひたすら変態する存在がその活力によって放つ強すぎる微光である。[28] 自らの変態の極致＝極地において白夜になること。

　その微光の強すぎる弱さ、白夜の彩が、森村がいま展開する「なにものかへのレクイエム」シリーズにおいて現れるし

図16　同《なにものかへのレクイエム（赤い夢／マオ）》2007年

図15　森村泰昌《なにものかへのレクイエム（MISHIMA 1970.11.25 - 2006.4.6）》2006年

図17　同《海の幸・戦場の頂上の旗》映像作品　2010年

かたは、「女優」シリーズよりもさらにデリケートである（図15・16）。明らかに政治的なクィアさはいっそう明らかであり、それゆえに、存在－変態論的なレベルでの可視性は、ミニマムにしか主張されていないと思われるかもしれない。そして、女装から男たちの「レクイエム」へという移行を、失われた想像的ファルスへの喪として、象徴的ファルスを持つことへの移行として、つまり母から父への移行として捉えることは初歩的な解釈だとしても、かといってまた、その父性がやはりユーモアの餌食とされていることはあいかわらず去勢否認的な身振りである、とひと捻りして解釈するのもなお不十分ではあるまいか。「なにものかへのレクイエム」シリーズの緊張感は、おそらく、去勢のしっかりした引き受けにも、その否認にも還元できないのだ。

三月から行われる展覧会には、「戦場の頂上の芸術」というサブタイトルが与えられる[29]（図17）。それは、（生殖的）絶頂としての頂上を、ぎりぎりまで狭められたミニマムな一歩で傍らに超えるという試みであるだろう。この節約的にすぎる一歩の緊張感、つまり極薄のパラマウンドの表面張力。森村のレクイエムにおいて、「戦場」としての世界史をさまよう亡霊たちは、父母の面影を借りて幻視されると同時に、鼻＝身体に受肉して強－現前化される。その佇まいは、戦場の死体に薄く乗せられて盛り上がりかつ盛り下がる土、かりそめの墳墓としてのパラマウンドの、幽かに悦ばしい静けさに他ならない。

（1）森村自身による呼称である。森村泰昌『美術の解剖学講義』平凡社、一九九六年。
（2）次のテクストがその範例である。ノーマン・ブライソン「MORIMURA――三つの解釈」大橋洋一訳、『森

村泰昌展　美に至る病──女優になった私』横浜美術館、一九九六年。
（3）千野香織「女を装う男──森村泰昌「女優」論」、『森村泰昌展　美に至る病──女優になった私』、一三五頁。
（4）以上、森村泰昌・鷲田清一「トランスフォーマー──堕天使の美学」、『美術手帖』七〇八号、一九九五年、三一－三三頁。
（5）ジャック・ラカン『精神分析の四基本概念』小出浩之・新宮一成・鈴木國文・小川豊昭訳、岩波書店、二〇〇〇年、一三九頁。
（6）ジャン＝リュック・ナンシー『イメージの奥底で』西山達也・大道寺玲央訳、以文社、二〇〇六年、八五－八六頁。「強－現前化」という訳語は、星野太氏の示唆によるものである。
（7）林洋子「森村泰昌・空装美術館──「美術館」を擬する、エスカレートする「私」」、『森村泰昌　空装美術館──絵画になった私』朝日新聞社、一九九八年。
（8）森村は「エスカレート」した果ての「質的転換」について次のように語っている。「私はエスカレートという言葉から、「増殖」という言葉を思い浮かべます。最初は私の作品の中の登場人物は1人でした。《肖像（双子）》という作品で2人になり、《美術史の娘（劇場）》では3人に、やがて《肖像（9つの顔）》で9人、それからどんどん増えていき《階段を降りる天使》では34人ぐらい登場するわけです。それは欲望としてどんどん増殖に向かって行ったわけです。ところがあるところまで行きますと、この増殖のエスカレーションが止まってしまう、34人登場させたところで私の増殖は止まり、とつぜん質的転換が図られます。そして何をやりだしたかというと、1人だけが登場するストレートなモノクロの写真でした。それが「女優」シリーズだったのです。エスカレートさせていった果てに起こる質的転換、そこを目指して私は自分自身をエスカレートさせていくわけです」。『森村泰昌　空装美術館──絵画になった私』、四八－四九頁。
（9）こうした表層の「盛り上がり」および「盛り下がり」への着目は、ナンシーのイメージ論とおそらく親和的である。ナンシーによれば、イメージ化することの本性は「再－現前化」ではない。イメージは代理物ではなく、それ自体において力が張りつめているものである。イメージは、「(……)内奥のものとその情熱(その興奮《モーション》、動揺、緊張、受動性)の刻印である。しかしそれは、類型《タイプ》の刻印もしくは登記され、固定された図式という意味での刻印ではない。むしろ刻印するという運動、表面を標記する打刻、表面ないし表面の実体(画布、紙片、銅版、生地、粘土、顔料、フィルム、皮膚)の盛り上げと削り込み、表面(とその実体)への浸透あるいは注入、表面(とその実体)のうちに衝動を埋め込むこと、あるいはそのうちで衝動を吐き出すことである」(傍点強調は引用者)。ナンシー『イメージの奥底で』、二一頁。

(10) 森村泰昌『美術の解剖学講義』、五一頁。

(11) ラカン『精神分析の四基本概念』、一〇一頁。

(12) 原和之『ラカン――哲学空間のエクソダス』講談社選書メチエ、二〇〇二年、一四〇頁。

(13) 同前、一四〇-一四一頁。

(14) 同前、一四一頁。

(15) 同前、第四章。エディプス・コンプレクスをめぐる諸解釈については、柵瀬《さくらい》宏平氏から多くの助言をいただいた。

(16) J-D・ナシオ『精神分析7つのキーワード――フロイトからラカンへ』榎本譲訳、新曜社、一九九〇年、四一頁。

(17) この提案は、宮崎裕助の「パラサブライム」という概念によって触発されている。カントの『判断力批判』における「崇高」とは、表出不可能なものが否定的に表出されるモメントだが、宮崎は、その辛うじての否定的な表出さえもを不可能にする絶対的否定性として「吐き気」を論じ、それを「パラサブライム」と呼ぶ。「こうした「吐き気」のように、カント美学の表象作用を構成する崇高の表出論理のただ中にあって、まさにその内側から崇高論の臨界点を指し示している感情を、われわれは「パラサブライム(parasublime)」と呼ぶことにしたい。崇高(サブライム)に付された「パラ-」という接頭辞は、辞書が示すところでは「beside(～のそばに、傍らに)」と「beyond(～を超えて)」との二重の含意があり、合成語として「異常」

「不適切」「欠陥」「従属」「不規則」「混乱」などを意味する言葉を形成する。この「パラ」は、崇高の失錯（parapraxis）であり、崇高に寄生しつつ（parasite）、その表出論理を麻痺させる（paralyze）。それは、崇高なもののもとで、まさに崇高の傍にありながら、当の崇高から逸脱しそれを超え出てゆく、そのような二重の動き（*beside* and *beyond*）を言い表す名となるだろう」。宮﨑裕助『判断と崇高――カント美学のポリティクス』知泉書館、二〇〇九年、一四四頁。本稿が言うパラマウンドも、カント的崇高さと通底する絶頂感のエコノミーを攪乱するものだが、それは、吐き気のような絶対的否定性への直面をもすり抜けるものである。宮﨑の「パラ」理解は、たしかに beside と beyond の二重性を含んでいるが、しかしその内実は、かなり beyond に偏っているのではないか。本稿では、支配的エコノミーに対して絶対的でも相対的でもない外部、フェリックス・ガタリの言葉を借りるなら『共立性 consistance』をなすような外部としての beside、その肯定性を考えようとする。パラマウンドは、否定性を核とした批判哲学的・精神分析的エコノミー、およびそのエコノミーを脱構築する絶対的外部の双方に隣接する肯定的なものである。

（18）「出会い系サイトとしての美術」と銘打った「第一回現代美術コンクール」（大阪府主催、二〇〇三－〇四年）における柴田有理へのメッセージ。（本稿初出時には引用元がインターネット上に存在したが、その後消去された。）

（19）ここでは森村泰昌氏からご提供いただいた写真を使用した。次の文献に、小さなものだが写真が掲載されている。『プリンツ21』第九巻三号、一九九八年、三六頁。

（20）矢内原伊作『ジャコメッティ』宇佐見英治・武田昭彦編、みすず書房、一九九六年、二三六頁。

（21）同前、四五頁。

（22）篠原資明は、初期の森村作品において「切る」ことがなんらかの意義を持っていたとして、《肖像（ファン・ゴッホ）》を筆頭に、「目から鼻にかけて複製の切り抜きをかぶって」いる《肖像（カミーユ・ルーラン）》（一九八五年）や、切られた「複製写真と身体との混在」を特徴とする《肖像（泉）》（一九八六年）などに注目している。篠原資明「森村泰昌　時間を旅する身体」、『美術手帖』第六一三号、一九八九年、一一五－一一六頁。篠原は指摘していないが、「切る」ことに関わる作品群には去勢の問題と関わるところがあると言えるだろう。しかし、本稿で考察したいのは、森村作品がいかに去勢の問題を――それをおそらく含意しつつも同時に――傍らに超えてしまっているのかということである。

(23) 圀府寺司「森村泰昌　変身する自由」、『芸術学の一〇〇年――日本と世界の間』金田晉編著、勁草書房、二〇〇〇年、一九三頁。

(24) 同前、二〇四頁。

(25) 森村泰昌『踏みはずす美術史――私がモナ・リザになったわけ』講談社現代新書、一九九八年、一八六頁。

(26) 森村泰昌『美術の解剖学講義』、五〇－五一頁。

(27) 本稿における「可塑性」概念の理解は、カトリーヌ・マラブーの哲学にもとづいている。「変態」概念についても彼女の考えを応用している。その詳細は、本書、「マラブーによるヘーゲルの整形手術――デリダ以後の問題圏へ」を参照。

(28) ファンタスム、つまり欠如をめぐる幻想ということではない、変態する存在が発揮する他なる現前性を、マラブーは「ファンタスティック」と形容している。Catherine Malabou, *Le Change Heidegger. Du fantastique en philosophie*, Léo Scheer, 2004.

(29) 森村泰昌「なにものかへのレクイエム――戦場の頂上の芸術」東京都写真美術館、二〇一〇年三月十一日－五月九日。本稿は、この展覧会に先立って書かれたものである。

＊図版の出典：本稿の森村泰昌作品の図版はすべて森村氏ご本人からご提供いただきました。氏のご協力に深く謝意を申し上げます。ホルバインの図版は、『アナモルフォーズ　バルトルシャイティス著作集2』国書刊行会、一九九二年。ジャコメッティの図版は、『ジャコメッティ展カタログ』ＴＢＳテレビ、二〇一七年。

# 不気味でない建築のために

私はフランス哲学者ジル・ドゥルーズの思想について博士論文を書きました。ドゥルーズの哲学は、世界の事物がすべて潜在的に関係し合っているといったヴィジョンで捉えられがちでして、これは元を辿ればベルクソンの思想に由来します。その一方でドゥルーズをよく読むと、関係性がところどころで途切れるという「切断」のテーマがあることがわかります。フェリックス・ガタリとの共著である『千のプラトー』などからそれを読み取れるのです。その面は、これまで十分に評価されてこなかったと思うのですが、そこを前景化するとどのようなドゥルーズ像を描けるだろうか、という問いを立てて書いたのが私の博士論文、後の『動きすぎてはいけない』です。

先ほど、平野利樹さんからのご説明で、九〇年代には、接続性・関係性の結節点としての建築が流行したとありました。自己主張するというより、関係性のなかに馴染み、内在するような建築。ある理解の下では、これはとてもドゥルーズ的だと言えるでしょう。しかし今日は、そうした環境に溶け込むような建築像ではない建築のあり方について、グレアム・ハーマンの議論などを媒介としつつ考えていきたいと思います。

話の途中で、「不気味でないもの」という概念が出てくるのですが、これは私の造語です。哲学研究をしている人間は、「概念づくりの職人」のような自己認識で仕事をしているところがあるので、概念を道具として使っていただくのが一番ありがたいことだと考えています。今日の議論で出てきた考え方をお持ち帰りいただいて、ぜひ皆さんにも考え、遊んでもらえたらと切に願いつつ、お話ししたいと思います。

## 1　切断的に一個である建築

平野さんから教えていただいた建築家のデイヴィッド・ルイによる「(奇妙で不可解な)オブジェクトへの回帰」という文章から始めましょう。[1] ルイはここで、関係主義・環境主義によって「建築が消滅する」という懸念を表明しています。たとえば、モノをパラメトリックに捉えた結果、波状の形になって周囲に溶け込んでいくような建築。そのような関係主義・環境主義の建築観では、第一次的に存在するのは複雑に絡み合う関係なのであり、モノは「関係の結節点」になります。

このような、関係へと建築を「解消する」ような傾向に対し、いま「切断的に一個である」建築を考えることに、はたしてどのような意味があるでしょうか。あえて社会的なニュアンスで言い換えると、それは各方面に配慮した、「配慮の落としどころ」としての建築ではないような建築――空気を読まない建築、アカウンタビリティを放棄している建築、ということかもしれません。こう言うと何か反動的な感じがしてしまうわけですが、このあたりをまずは概念的にいじってみたい。「切断的に一個である」ということ。この、ある種の無責任性とも結びつくような事柄をどのように理解できるだろうか。今夜はこの提題から始めます。

## 2　ファルス、単一の支配的な例外者

環境に浸っているのではなく、環境から「浮いている」ような状態。まずこのことを「例外的」に存在している、と概念化してみます。環境に溶解しないモノらしいモノ。いささか唐突ですが、ここで私は精神分析的に「ファルス」(男根の象徴）の概念を参照するのがひとつの手ではないかと考えます。ファルスとは単一の、まさしく特権的な例外者です。人間の身体においてそれは、その場所だけ特権的に出っ張っている例外的なものです。精神分析の基本的な図式によれば、ファルスはエロスの集中する性感帯として特権的な場所であり、性感帯ではない通常の場所はそれに対立している。したがって、モノらしく切断的にある建築とは「例外的ではない＝通常の」エリアから「屹立」したモノ、すなわちファルスを連想させる、と考えてみましょう。

切断的な、空気を読まない建築は、ファリックなものになるということなのでしょうか。ファルスとはそれ以外のすべてをそれのみに従属させる「単一の支配的な例外者」です。そこを中心に、他の部分が、それ以外の「すべて」というふうに括られて全体化される。もし、「切断的に一個である建築」を考えることが、関係主義から脱して「ファルスよ、もう一度」という切望を指すのだとしたら、それは反動的であると言わざるをえないでしょう。「単一の支配的な例外者として屹立する建築」を言祝ぎたいのでしょうか。そうではありません。

## 3　ファルスの単一性に抗して

ひとつの見方ですが、グレアム・ハーマンのいわゆる「オブジェクト指向存在論」を受けて建築のオブジェクト性について考えることは、「建築のファルス性をどうするか」という問題を思考することに対応するだろう、と私は考えています。

そこでまず、その場所だけ「他からくっきり区別されている」という意味を、ファルスの原-特徴として押さえておくことにします。ファルスがファルスたりうるための条件はいくつかありますが、大きな分割線は、ファルスが単一か複数か、です。

単一で特権的なファルスとしての建築とは、他のすべてのものを全体化し、自身だけが特権的なものとして超越的に存在する、いわば「全体主義的」なシンボルになりうる。オベリスクとか、国家プロジェクトを一身に担うモニュメンタルな建造物などです。他方でファルスは、全体性の外部、「全き他者」性を表すものでもありえます。それは、全体主義のシンボルになりうると同時に、全体主義批判のシンボルにもなりうる。

対してハーマンの議論では、切断的に区別されたオブジェクトは複数的なものであり、中心の単一性ではなく多中心性がポイントとなっています。それは「異質な他者たちが並立する」タイプの表現を目指すことになる。おそらく平野さんが挙げた「新コラージュ主義」の建築も、オブジェクト指向の多中心性の表れだと言えると思います。

## 4　ファルスの複数化

ここでの問題は、ファルスの複数化です。オブジェクト指向存在論は存在者の根本的な複数性を主張するものだと思いますが、しかし私の考えでは、ハーマンのオブジェクト概念は、複数的ではあっても、依然としてファリックです。

というのもハーマンの根底には、オブジェクト一個一個が「無限のポテンシャル」を内包するという考えがあるからです。たとえば、ここにあるペットボトルは、私との関係においては「水飲み可能性」や「摑み可能性」など、様々なアフォーダンスを惹起するものとして存在しているわけです。ところがこのペットボトルは、私との関係を超えて、はるかに多くのプロパティを有している。薬物をかけたり、燃やしたりしたときに生じる反応など、私というオブジェクトとの関係においては解き放たれないようなポテンシャルが内在している。この剰余をハーマンは「無限の」と形容する。オブジェクトの内奥は「ブラックホール」だといった言い方をしたりもしています。

しかし、オブジェクトの内奥にあるポテンシャルの無限性が数学的にどういう意味なのはよくわかりません。ハーマンはそこを説明していないと思います。この無限性という点では、レヴィナスを想起させるものがあると私は思います。実際、ハーマンはレヴィナスから影響を受けています。つまり、他者は無限の遠さにあり、私たちがどんなに理解しようとしてもその理解を越えてしまうような、他者の他者性があるという議論です。レヴィナスの場合では、無限に遠い「人間」こそを特別に尊重しなければいけないという立場です。ところがハーマンは人間中心主義を批判して、そもそもあらゆるものを「全き他者」と見なしている。

単一のファルスは無限のポテンシャルを体現するものです。ハーマンの議論ではファルスが複数化しており、単一の例外者を認めず、人間の特権性を破棄している。それゆえオブジェクト一個一個が別々のファリックな存在となっています。例外者が複数存在し、「例外者vs.（それ以外の）すべて」という構図がいたるところで反復されるという図式が見られるわけです。

## 5　無限の可能性と持続

では、ファルスの例外性とはどういうことでしょうか。精神分析の基礎に関わることですが、ファルスが体現しているのは、実現されている通常の諸関係（アクチュアリティ）に対して「もっとそうではない」余地、要するに別の「可能性」（ないし潜在性）です。もっと別のものが欲しいと思う——欲望とはそういうものです。それゆえファルスは欲望の象徴であり、別の可能性を表すものだと言えます。

ファルスの例外性とは「無限の可能性の凝縮」に他なりません。勃起した男根のイメージは、無限の可能性の凝縮物だというわけです。

さらにファルスにおいて重要なのが、勃起し続けるという時間性です。ここでの解釈は、ラカンの研究をしている原和之さんの『ラカン——哲学空間のエクソダス』（講談社選書メチエ、二〇〇二年）におけるファルス解釈がベースとなっています。原さんは、ファルスの勃起を、可能性の無限性と時間的持続を結びつけるものとして解釈しています。勃起は、あるアクチュアリティに対し、未来において別の可能性が実現しうることの尽きなさを表します。勃起とは、すなわち連続的時間である。連続的時間とは、精神分析的に言えば、すなわち勃起である。

単一のファルスが成立している状況では、時間の次元も単一です。これに対し、複数のファルスが成立しているハーマンの議論においては、オブジェクトごとに別の時間軸があるということなのかもしれません。

ようやく「切断的に一個である」ことを考察する準備ができました。ファルス概念を軸にするならば、第一に、「単一のファルスとして切断的に一個である」ものが考えられます。これは全体主義的モニュメント、あるいは「全き他者」性を表すものと言えるでしょう。第二にはハーマンの場合、オブジェクト指向哲学の場合ですが、「複数のファルスのうちのひとつとして切断的に一個である」ものが考えられます。ここではファルスが複数化しており、単焦点的な全体主義は回避されています。

しかしいずれにせよ、無限のポテンシャルを含む点では同じです。そこで私は、第三の道があると考えたい。仮にこんなふうに言ってみましょう――「非ファルス的に、切断的に一個である」と。一個であるということのファルス性を無化して、一個でありながらしかし、非ファルス的であること。

## 6　不気味でないもの、非ファルス的膨らみ

このことを考えるにあたり、先に挙げておいた「他からくっきり区別されている」というファルスの原‐特徴を残しておきます。その上で、ここまで述べてきたファルス概念のエレメントを、非ファルス性の方へとひっくり返してみましょう。次の表です。

単一的　→　複数的
例外的　→　例外なし
無限の可能性　→　有限でしかない可能性
連続的時間(持続)　→　非連続的時間あるいは中断(時間が死んでは誕生するのを繰り返す?)

すなわち、「複数的で、例外が存在せず、有限な可能性しか含まないもので、非連続的時間においてあるもの」となる。非ファルス的なものの特徴をこのように思弁してみるのです。あくまでも思考実験ではありますが。

ここで、次のような疑問が湧きます——非ファルスというのは例外者ではないということなのだから、要は、たんなる通常のもの（性感帯ではないもの）ではないのか。

この疑問に対して明確化されるべき思弁は、通常のもののようでありながらそうではない、かつ例外者でもない、という微妙なあり方で、「他からくっきり区別されている」という差異性を認めることができるとしたらどうか、ということです。

通常vs.ファルスの構図は、ドイツ語でいえば「通常＝馴染み＝我が家的である＝ハイムリッヒなheimlich」ものと、「不気味＝我が家的でない＝ウンハイムリッヒなunheimlich」ものの対立として表すことができる。さて、ここで私が第三の道として提起したいのは、ファルス的＝不気味ではなく、かつ通常でもないものなのです。それは、通常のものと重なりながら異なる、いわば「通常のものの分身」としての「不気味でない＝ウン・ウンハイムリッヒな un-unheimlich」ものなのです。

ところで、思弁的実在論（Speculative Realism）で言うところの「相関主義」を精神分析的に解釈するなら、それは、例外者＝ファルスとそれ以外すべての相互依存性におおむね対応するでしょう。相関主義の議論では、例外者とは人間のことを指します。人間とは自然のなかで特権的に剰余を持っている存在です（人間存在自体がファリックだということになる）。精神分析的にいえばエロス的剰余を持つもののことであり、そこには欲望の次元がある。そのような次元を特権的に持つ人間が、他のそれ以外の通常のものと相関的な関係をなすという構図が、相関主義なのです。

例外vs.通常という構図から外れること。それは後期ラカンでいうところの、男性の式から外れて、女性の式へと向かうことです。女性の式においては、単一の例外者が存在せず、それと相関的である「他のすべて」もない。ゆえに女性の式については「すべてではない」（not-all）という独特の概念をラカンは提示しています。

不気味でないものは、「すべてではないもの」である（ウン・ウンハイムリッヒにおける否定辞は、「すべてではない」の否定辞と同様のレトリカルな特殊性を持つ）。しかしそれでは、まるで出発点に戻ってしまったかに思えます。例外なしで、決して全体化されることのない諸関係のなかに内在しているということなのだから……。

けれども私の議論では、先にファルスの原‐特徴として挙げておいた「他からくっきり区別されている」という、いわば「準‐ファルス的」な特徴を残そうとしています。それは、ファルスに似ているけれどもファルスではないような「可能性の膨らみ」です。しかし、無限のポテンシャルが無限の持続で展開されるのではありません。何らかのヴォリュームを主張しているものでありながら、ファルスではないもの。それを私は、「非ファルス的膨らみ」、「非ファルス的盛り上がり」、「非ファルス的もっこり」(non-phallic mound) と呼ぶことにしたい。丘、あるいは風船のようなイメージ。ところで、アダルトビデオのジャンルに風船フェチというものがあるらしいのですが、そこには根源的なエロティシズム、すなわちファルス以前の興奮性が表れているように思われます。

ここで言いたいのは、できるかぎり環境に配慮する——この要請は無限化するものです——ということをカント的な「統整的理念」にはせず、環境との関係をある程度表現してはいるものの、まるでそのことを途中で忘れたかのように成立してしまう、「これでしかないこれ」のあり方です。それは「これしかできません」という諦めの一個のモニュメントであり、それは中断によって成立し、人間の欲望が未来永劫続くことを言祝ぐのではなく、時間それ自体＝欲望それ自体がある時点で突然消滅し、そして別のあり方で再発生することを表すようなものではないでしょうか。

非ファルス的膨らみとは、有限性のモニュメントです。それは、偶然性によってそのように可能性が有限化されてしまっている時空です。不気味でない建築。それは、たまたま途切れてしまう事どもが、他の無限の可能性のオーラをまとうことなく接合されているような建築、ということになるでしょうか。

＊本稿は、次のイベントでの口頭発表である：「建築文化週間　建築夜楽校 2016——「切断」の哲学と、これからの建築」、企画・司会＝平野利樹、主催＝日本建築学会、建築会館ホール、二〇一六年一〇月七日。

（1）デイヴィッド・ルイ「(奇妙で不可解な) オブジェクトへの回帰」平野利樹訳、10+1 web site、二〇一六年一二月。http://10plus1.jp/monthly/2016/12/issue-03.php（最終確認：二〇一八年五月六日）

# Ⅱ 儀礼

# 世界の非理由、あるいは儀礼性——メイヤスー『有限性の後で』から出発して

カンタン・メイヤスーの仕事において、『有限性の後で』は最初の地ならしであるということに注意せねばならない。そこでの「相関主義」批判は道具立てのひとつなのであり、メイヤスーの本当の眼目は、正義と神の問題にある。それは、目下練り上げがなされている、博士論文を元にした著作『神の不在』(*L'Inexistence divine*) での議論である。しかしながら私には、その神学的文脈（彼は従来の神学から区別してそれを「神論 divinologie」と呼ぶ）からは距離を取りたいという気持ちが強くある。私は、『有限性の後で』における「非理由律」に絞って思考をめぐらせてきた。

ここでは、『有限性の後で』の論証過程について読者は知識があるものと前提させていただきたい。さて、私は、非理由律に惹きつけられて、この書の翻訳を行うこととなった。この世界がこのようなあり方をしていることに根源的な理由は何もないという主張、すなわち、哲学史的に言えば、ライプニッツのいわゆる充足理由律を却下することに相当する挙措である。そしてさらに、世界がいまこのようであることは非‐必然的であるから、それゆえに世界は別様でありうるし、これから別様になりうるのだとされる。物理法則・論理法則のレベルで、世界が突如、別様に変わってしまう可能性がある。世界のラディカルな変化可能性というこの主張に関しては、今回は措くとしたい。ともかく、この世界がこのようであることがただ、その「事実性」のみで自らを支えているという

主張が――それがある程度の説得力で書かれたことが――、私を強く惹きつけたのである。

この世界は、根本的に理由を欠いている。しかし、この世界内での事象の特殊に世界内的な理由を探る諸活動はそれでも可能である。メイヤスーは世界というものを諸「法則」の束として考えており、世界内的な事象は法則的に起こる、ただし決定論的ではなく確率的な法則に従って起こる、と見なしている。

世界内での事象は確率的法則系内の事象であり、そこにおいて理由を持つ。世界全体の根源はまったく理由なしなのだが、その上に、理由の空間が載っている。一種の唯物論を企てるメイヤスーにとっては（「思弁的唯物論」と呼ばれる）、数理的な理由の空間こそが根本的である。私たち＝人間の思考に「相関」しない実在の秩序は、メイヤスーによれば、数理的思考によってのみ「アクセス」可能なのだとされる。

『有限性の後で』において、理由の空間は二種に分けられる。唯物論的なレベルと（事物の一次性質＝延長）、私たち＝人間の思考に相関するレベル、言い換えれば、人文的なレベルである（二次性質＝質）。前者、数理‐物理科学では、実在が一意にどうであるかの解明が目指される。後者、人文学の側では、アプローチの違いによって複数的にありうる理由の並立、抗争が展開される――これを「解釈」と呼んでおこう。ところで、メイヤスーの唯物論が、人文的な解釈をすべて数理的なレベルに還元する立場であるのかは、『有限性の後で』の範囲内では判定できないと思われる。

『有限性の後で』が提示する世界の根源的理由に関するニヒリズムは、世界内的な事象間の理由を探ろうとする努力に水を差すものではない――そのニヒリズムがなすのは、たとえば、いまバイク事故が起きた理由を探ることが世界の根源的理由に遠くつながっていてほしいという欲望を切断し却下することであり、それのみなのだ。

『有限性の後で』は、この世界という特殊な全体、特殊な「枠」としての数理‐物理的法則系の非理由を論証する書物だ。個々の事象を相手取るものではない。この世界の全体について根源的非理由が主張される。他方、個々の事象は、この世界の理由の空間に内属している。両者を分けなければならない。この区別をまたぐことは禁じられるべきなのだろうか。すなわち、『有限性の後で』は世界内にコミットするものではないから、世界内の具体的な事象をどう考えるかに応用したいという関心は控えるべきなのだろうか。あるいはそうではなく、世界内の具体的な事象と、世界という枠の非理由がどう関わるのかを考えることが許されるのだろうか。私は、後者の読みを少し膨らませてみたい。世界内の各部に、世界全体の非理由が、いわば「反響」しているというような捉え方をするのである。

私がこのスポーツブランドのバッグを購入して使い続けているという事象には、世界内的に様々な理由がある。ところで、この事象は、世界が存在するからこそ、そこで起きている事象である。そしてこの世界全体は、絶対的に偶然的にこのように存在しているのである。そこで、次のように表現しよう――私によるそのバッグの選択は、世界内的に理由を持つが、同時にそこには、世界全体の絶対的偶然性が「反響」している、と。あるいは、それは、世界全体の絶対的偶然性を「分有」している。

曖昧な感覚……ある事象が、理由を持つものであるのと同時に、まったく偶然的でもあるという曖昧な感覚が、ここでは問題にされている。その曖昧さは、理由の空間と根源的非理由の区別、というやり方で分析されうる。すなわち、理由がある「と同時に」ない、というその同時性の感じにおいては、実は、世界内と、枠としての世界それ自体という二つのレベルの違いが短絡されているというわけだ。

メイヤスーは、世界内的な事象同士の関係には絶対的偶然性を認めていない。事象同士の関係において認められる偶然性は確率的なものなのであって、絶対的ではない。世界内的な確率の偶然性は、この世界という特殊な枠によって限定された偶然性である。その限定された偶然性に、その限定自体の絶対的偶然性が「反響」している。

何の理由もない、たんにそういうことになっている、世界という枠。それは、チェスや将棋のルールのようなものだ。あるいは、私はそれを「礼」の秩序と解することを以前から考えている。持ち上げたコップを手放すと、床に落ちて割れる。ガラスのかけらが四散する。物理法則に従って。それは、ある文明においてコード化されたお辞儀や挨拶のやり方に——いかなるやり方であれ、それが普遍的であることはない——、その文明の人々が従うというのと同様ではないだろうか。

ここで私は、ピエール・ルジャンドルの「ドグマ人類学」を参照したい[1]。ルジャンドルの議論では、人間の法的諸制度は一定の理由の空間を展開しているが、その根源は、それ以上理由づけのできない「ドグマ」であるとされる。私たちがそのなかで合理的であろうとする空間全体は、実は、底なしの闇に対して打ち立てられた一連の断言の上に築かれたものである。ドグマにもとづく理由の空間、それは、ルジャンドルにおいては「儀礼」であるとされる。

短いメモに留めるが、次のように私は、メイヤスーとルジャンドルの架橋を試みよう。世界全体についてメイヤスーが言う「事実性」は、「儀礼性」として捉え直すことができるのではないか。すなわち、世界は、たんにそうであるだけの、それ以上でもそれ以下でもない儀礼の体系として織りなされていると考えるのである。それは人間とは無関係の礼、非人間的な礼である。たんなる枠である。空疎な、と言うとネガティブな印象を与えてしまうだろうが、それはいっさいの人間的価値を含まない、純粋に形ばかりのものなのである。人間とは無関係の世界としての物質の秩序とは、いわば「存在論的に儀礼的」なのではないだろうか。

物質＝儀礼。あるいは儀礼＝物質、そのような逆転もできる。世界内におけるあれこれの儀礼に、たんにそのフォルム（形式・形態）を捉えようとする目でもって対峙してみる。そのフォルムのみに着目して捉えられた儀礼、形ばかりのこと、というのは、たとえそれが諸文明それぞれにおける人間らしさの極致と思われるにしても、それは実のところ、形ばかりでない＝意味ある事ども（理由を云々できる事ども）の喧騒から分離可能な、最も非人間的な、物質的な次元の所在を示しているのである。

神なき時代における、超越性に向けられるのではない祈りや舞踏。内在的なる歩行。理由の空間のただなかで、それ以上でも以下でもない物質に‐なるポーズ、運動。

さらに言えば、数理‐物理的に規定される物質の秩序と、複数的に並立する解釈の秩序との区別は、このように儀礼を存在論的に取り扱うことによって揺らぎ始めるだろう。ひとつの人文的解釈のシステム、根源的にはドグマ的に成り立っていると言うしかないシステムは、非理由的なる儀礼のシステムであり、それは、ひとつの世界の構築に相当すると言えるだろうからだ。つまり、ある一貫性で展開される人文的解釈は、いわば〈非物質的な物質〉の秩序を実現している。数理‐物理的に物質であると認められるところの物質と、たとえば、ある晩餐のシステムにおける皿の配置のフォルムという物質を、同一平面上に置くこと。

（1）cf.ピエール・ルジャンドル『ドグマ人類学総説——西洋のドグマ的諸問題』西谷修監訳、嘉戸一将・佐々木中・橋本一径・森元庸介訳、平凡社、二〇〇三年。

## あなたにギャル男を愛していないとは言わせない――倒錯の強い定義

「ギャル男」という部族《トライブ》が現代日本のポップカルチャーにおいて無視できないものであることは、ギャル男史を牽引してきた『men's egg』（大洋図書、一九九九年創刊）の相当な発行部数や[1]、その「読者モデル」の準－芸能人化といった状況からしても明らかな一方で、解放的な女性像として祭り上げられもした「コギャル」に比べて、その後追いにすぎないギャル男の「女ウケ」ばかり狙っていることにされている弛緩したマチズモや、（コ）ギャルよりもっと流行りに流されているだけの消費者でしかないようであること、浅薄な「頭空っぽ air-headed」さの演出[2]、それゆえのだらしない媚態は、標的のギャルたちからすら疎まれることもしばしばであり、結局のところギャル男は、どうでもいいトライブとしてこの十年強、「ゼロ年代」の「クール・ジャパン」的風景において、どうでもよくたむろするに任されてきたにすぎなかった――かのようである。

だが、あなたにギャル男を愛していないとは言わせない。

ギャル男を愛さないための一連の理由を、ただちに転覆すること。それによって初めて、私たちはまばゆく浅いどうでもよさに隔てられたギャル男への視力をついに得ることができる。まず、彼らのどうでもよさとは、あらゆるぶしつけな眼差しに対する巧まざる防御であると気づかなければならない。積極的に非難を相殺する武器を持ってはいないし、うまく逃げのびるための裏口もない。

闘わないし逃げもしない。ところが、まさしくそこでたむろしているだけで、ただちにあらゆる問い詰めはなかったことになってしまう——そのようなどうでもよく-なること、その独特の、揮発するような否定性への問いこそが、ギャル男的なる気配から抽象される問いではあるまいか。

本稿は、現代日本のポップカルチャーに対する眼差し——「クール・ジャパノロジー」[3]——においてギャル男というテーマが盲点であった所以を問うことを通して、現代日本のポップカルチャーを語る枠組みそのものを再検討するものである。

## 1　分離して-女装する女性の分身に-なる

ギャル男とはギャルの「分身」であり、その意味で二次的、派生的なものだ。

ギャルに-なること。その極限的な形式は、二〇〇三年に出現した「センターGUY」であり、本稿ではそれこそが、ごく短期間しか存立しなかったギャル男史の（非-）本質の結晶であると考える**（次頁、図1）**。その年以後は、無難な「女ウケ」を狙った「お兄系」——グッチやプラダなどを模範とした黒や白のシンプルで細身のアイテムと、クラッシュド・デニムなどドルチェ&ガッバーナを源泉とする装飾性の応用——の登場によってギャル男スタイルはより近づきやすいものとなり、一般化の段階に入っていった[4]。

ギャル男という影を派生させることでギャル文化は、ジェンダー二元性の摩擦を女から男への／男から女への分身のゲームへと軽めるなかで、男でも女でもどうでもよく-なるという「乱交性promiscuity」を、潜在的なテーマとして放散してきた。

図1　センターGUY
© 大洋図書『men's egg』2004年4月号

女性の分身に－なること。

男性による女装は多くの場合、何らかの憧れるべき女性像への同一化である。しかし他方で、そもそもコギャルから展開した「ヤマンバ」の段階で、彼女らは、男性による憧れ——の眼差しへの従属化——を哄笑し遮断し、分離主義の勢いさえ感じさせる怪物的な「女性による女装」を激化させていた（**図2**）。彼女らによって、日焼けサロンでのタンニング（ガングロ）や、ロングヘアのハイブリーチ・メッシュ（そして白い線による文様めいたメイク、これはセンターGUYによって復権される）は極点に達した。

ギャル男が捲き込まれているのは、そうした、男性によって憧れられ＝貶められる女性らしさから分離して－女装する女性への「生成変化 becoming」なのである——としたら、どうだろうか。ギャル男は半面では、彼女らを保守的な恋愛に組みこもうと「釣り」を仕掛けながら、もう半面では、彼女らの——レズビアン・フェミニスト的でさえあるかもしれぬ——分離に従って自らを骨抜きにしてしまいかねない。そうだとしたら、そこにこそ、ギャル男のどうでもよさの中心がある。

すなわちギャル男は、マチズモへの反省もなく女ウケに腐心するうちに、逆説的なことに、マチズモの実質をくり抜いて形骸化させ、分離主義的なる女性に似たものへと変身するかのようである――と評するのはあまりにレトリカルであって、実情では、やはり男性中心主義、女性嫌悪《ミソジニー》、同性愛恐怖《ホモフォビア》に関わるトラブルがあるという視点（フェミニズム、クィア理論、カルチュラル・スタディーズなどの）はもちろん必要であるにしても、しかしながら私は、〈無責任な分身の乱立〉というような事態こそが、良かれ悪しかれクール・ジャパン的なものの核心であるということ、これを示しているのがギャル男、すなわちギャル文化の影ではないか、という仮説を推し進めたいのである。

図2　ゼロ年代のヤマンバ・スタイル
© 大洋図書『egg』2004年7月号

　男女のギャル系の「チャラさ」は、結局のところ「モテ」や「リア充」という、「再生産＝生殖 reproduction」に資する道徳性のやんちゃな過剰でしかないのかもしれない。他方、「非モテ」や「非リア」であってよしとするオタクのアイロニカルな態度もまた、再生産＝生殖の規範性を無視しているわけではなく、その規範性があるからこその反発であるだろう。このようにギャル（男）とオタクの立場に共通の保守性をいったん認めるにしても、私としては、それに対抗するような、ギャル（男）のチャラさ、そしてオタクの「倒錯 perversion」の解釈を試みたいのである。危機＝批評的な、クリティカルな「チャラさ」、ないし「盛《も》り」としての「倒錯」の方へ。[5]

## 2　エアヘッドネス

ギャル男的なるものをただちに認識させる特徴は、とりわけ、髪型《ヘア》であると私は考えてきた。[6]「アッシュ系」の茶髪で、襟足が長い「ミディアムウルフ」の形、ギザギザに「梳《す》いた」毛束をハードスプレーで「盛り」、前髪の真ん中を目のあいだに垂らして「M字バング」を作る——おおよそこれが、定番の「ギャル男ヘア」である。その代表的なイメージは、たとえば、元センターGUYにして後に『men's egg』のトップ読者モデルとなった「梅しゃん」（梅田直樹、一九八二年生）である（**図3**）。

図3　梅田直樹
© 大洋図書『men's egg』2006年11月号

男女のギャル系はガングロを重要なアイデンティティとしていた。しかし、二〇〇〇年代の終わりにはギャルがタンニングから脱し、それを後追いして、ギャル男も黒くなくなった（そしてギャル男は消滅した）。激しいタンニングとは、全身へと拡げられ抽象化された刺青のごとき、傾《かぶ》きのスティグマである（そこからの反転としての美白とは、したがってギャル系によって追求される限りにおいては、透明化した刺青であるかに思われる）。ギャル男の肌が焦げたように黒く、ギャル

「汚」と呼ばれるにふさわしかったのは、二〇〇〇年代中頃（から、私の把握では二〇〇八年頃まで）だった。

　九〇年代の「チーマー」の延長上にある――原点は八〇年代の「渋カジ」に遡る――、アメリカン・カジュアルを基本としたギャル男のファッションは様々な流行の変化を見せたが、二〇〇〇年代中頃には、痩せた身体にジャストサイズで着ることが全体的印象として顕著であった。ギャル男の痩身は、九〇年代末からの美容界での「梳き」の洗練による「エアリー」なヘア――かつ、眉や体毛を薄くすること――に連関する、自己の存在まるごとの軽量化として、いわば、身体を梳いたヘアと化す欲望の表現として解釈できるかもしれない。身体を、身体という概念自体を軽々しいものにする、身体を梳いてヘアに－なる。「盛れた」という表現は、オタクの「コスプレ」のように、身体が虚構化し、ひとつのキャラクターとして仕上がった状態を意味するだろう（キャラクターに－なるということにおいて、オタク文化とギャル文化が交差する）。そしてそれは、精神分析的に言えば、実在／虚構――固有の自己／操作可能なもの――という対立の狭間における「神経症」的な葛藤に囚われていないかのようにふるまうこと、その囚われを「否認」し、真と偽が「どうでもよく」重なった状態を生きることではないだろうか。

　また、ギャル（男）のコミュニケーション、社交性は極度に軽量化されており、そこでは、「チャラ打ち」のようなスラングが示すように[7]、性的なものの実存的な重みもカットされている――少なくとも傾《かぶ》きのポーズとしては、であるが。

　身体を、社交性をヘア化する。そのどうでもよさの中心、どうでもよさのどうでもよくなさを、私としては、ふざけていると見られてもかまわない――それ自体がヘア化された――概念として、「頭空っぽ性 airhead-ness」と呼ぼう。

自らの実存を、身体のイメージ操作によって「頭空っぽ」にすること。何らかのトラウマにもとづく悲喜劇を生き（ているはずであり）ながらも同時に、その舞台から自らを、自らの身体を、どこか「盛れて」いる余地へと向けて揮発させようとする――あるいは、自らに密着した外部、切られても痛くない余白としてのヘアを分離させようとする――という欲望が、ギャル（男）の時空においては示唆されている。

## 3 日本のポストモダン論と「無関係」

「ポストモダン」の特徴を、社会全体を方向づける「大きな物語」の弱体化として捉える見方に言及することなしに、現代日本の文化批評を語ることはできない。初期の宮台真司が関心を向けたのは、大きな物語から「無関連化」された、複数の異質なコミュニケーション空間に内在する生き方だった。(8) また、「無関連化」に類似する語として、斎藤環や東浩紀、大澤真幸らがしばしば用いる「解離」というキーワードがある。(9) 日本のポストモダン論では、全体性に取り込まれない複数性の擁護――それはドゥルーズやデリダなどポスト構造主義の哲学につながる――が重要なテーマであったが、先ほど挙げた語彙を用いる言説では、〈複数のものが無をあいだに挟んで分離されている〉ということを示唆しているように思われる。日本のポストモダン論には、「無関係」の概念がある。二つ以上が無関係的に存在する、つまり、ただたんに並立しているというような事態、これが、様々な次元で主題化されているのである。

　無関係に関心を向ける批評的言説に対しては、おそらく、その政治性への疑義が持ち上がるだろう。そのような言説は、互いに対する社会的責任から逃れ、エゴイズムを放置することになるのではないか。そのような批判を一方に想定しながらも、しかし本稿では、ひとつの実験として、現代日本的な――とあえて言おう――無関係論の意義を積極的に言おうとしている。そこで問題になるのは、近代性の分裂、すなわち、複製技術によって成長した社会の大きな物語と、やはり複製技術によって展開する軽佻浮薄なるものの「現代性《モデルニテ》」との分裂である。本稿では、後者のモデルニテ、つまり「第二級のもの」や「流行《モード》」にこだわるボードレール的な眼差しを[10]、第二級の流行としての日本のポストモダン論それ自体に向けるというメタ批評論（ないしメタファッション論）を試みる。

## 4　否認的な排除

　八〇年代以後、日本の現代思想および批評では、ドゥルーズ&ガタリの『アンチ・オイディプス』と『千のプラトー』の影響下で、精神分析において「欲望」の標準形であった神経症の欲望から自らを解放すること、いわば〈別のしかたでの欲望〉に賭けるというスタンスが変奏されてきた。八〇年代の「スキゾ・キッズ」支持（浅田彰の場合）、九〇年代末のコギャル支持（宮台真司）、ゼロ年代のオタク支持（東浩紀）は、非‐神経症的な〈別のしかたでの欲望〉を肯定しようとするひとつの流れであると言える。本稿は、その流れの延長上でギャル男の存在を解釈しながら、同時に、そのように〈別のしかたでの欲望〉を語ること自体の欲望を捉えようとしているのだ。

一方で、神経症の欲望とは、どういうものか。神経症の欲望は、対象の現れへの自分の関心が、他者との間主観的なネットワークにおいて理由づけられていることにもとづくものである。「このラーメンを食いたい」であれ「この相手とセックスしたい」であれ、当座そのように欲望する理由は、「他者の欲望」すなわち、その他者が「欠如」を満たそうとすることに、そして「その他者の欲望するさらに別の他者の欲望」に……よって理由づけられている。このような、欠如を媒介する他者の欲望の連動が、欲望とは「他者の欲望を欲望すること」であるというラカンの定式であり、そしてラカン派の精神分析においては概して、他者の欲望の連動にとってその究極の純粋な理由とは、ものごとを象徴的《シンボリック》に分節化できる可能性（つまり言語能力としての理性）の限界としての「性差」（男／女を分けるスラッシュ）が、現実《リアル》にこの世界に――異性間で生殖してきたこれまでの私たち人間によって経験される限りでのこの世界には――刻まれてしまっていることである。以下では、この性差のあり方を〈性別化というリアル〉と表現しよう。

近代的な「大きな物語」の崩壊は、神経症の欲望をしだいに弱体化させる。

九〇年代末からフランスの精神分析では、神経症の時代としての二十世紀以後に、マイルドになった「精神病 psychose」の時代を見るか／倒錯の時代を見るかという二つの立場がある。(11) 前者は、ラカンの直系、ジャック゠アラン・ミレールの学派であり、ミレールは九〇年代末に「普通精神病 psychose ordinaire」という概念を提唱した。それは、長らく精神分析にとって精神病（パラノイア）のモデルであった「シュレーバー症例」のような、顕著な妄想を形成する「並外れた精神病 psychose extraordinaire」ではないが、社会からの様々な疎外を経験する精神病的な状態を意味する。

他方で、ジャン＝ピエール・ルブランは、「普通倒錯 perversion ordinaire」という概念を用いて、消費社会の効率的にすぎる快楽の提供ゆえに、他者の欲望の連動を媒介する欠如の存在が、常態的に「否認」されている状況を分析している(12)。

こうしたフランスの動き、またアメリカにおけるかつての「多重人格」（解離性同一性障害）や「境界例」ブームも含めて、ポスト神経症の時代への移行はグローバルな事態であって、日本の言説もまたそれに属している。かつての浅田によるドゥルーズ＆ガタリ解釈、ポップに軽い「スキゾ（分裂病）」を新時代のメンタリティとした解釈も、また東や斎藤、また大澤真幸らが解離の概念を批評へ転用していることも、こうした海外の文脈を考慮に入れて検討しなければならない。

本稿では、日本への影響が大きいドゥルーズ＆ガタリの先例に改めて注目したい。『アンチ・オイディプス』と『千のプラトー』は、精神病を「分裂病」で代表し、それを誇張的に肯定化したが、その背景にはマゾヒズム論としての倒錯論――ドゥルーズの六七年の批評『ザッヘル＝マゾッホ紹介』――が潜んでいる。この事実は、神経症的でない〈別のしかたでの欲望〉を、いわば、精神病と倒錯の奇妙なオーバーダブとして捉える立場を示唆している。どういうことか。

『アンチ・オイディプス』によれば、無意識とは、多数多様の「欲望機械」のつぎはぎである。「欲望機械」とは、私の解釈では、それらの理由づけが多方向に発散している、多方向においてどうでもよくなっている複数の欲望である。言い換えるならば、それらは、間主観的な因果性から「切断」された複数の欲望である。

それら「欲望機械」は、「全体化しない全体」としての「器官なき身体」を形づくる。器官なき身体は、おおよそドゥルーズ&ガタリにおける「個体」であると考えることができる(13)。以上のような欲望と個体性の説は、実のところ、ガタリとの共作以前のドゥルーズの『ザッヘル＝マゾッホ紹介』において萌芽していた。そこでドゥルーズは、マゾヒストが、他者からの暴力を勝手に——他者の欲望から切断された——快楽と化してしまうことを、欲望のあり方として肯定した。圧縮して言えば、このことは、〈欲望の間主観的な因果性を「否認」して勝手に享楽する個体性の肯定〉であると解釈できる。

ラカン派では、神経症／精神病／倒錯という三つの構造を区別する(14)。まず、神経症では、〈性別化というリアル〉の根源的なわけの分からなさに関わる(15)、記憶の絡まり——欠如をめぐって編成される「シニフィアンの連鎖」——の一部を「抑圧 Verdrängung」しておく。ところが、精神病では、そうした記憶の絡まりの一部を「排除 Verwerfung」してしまっており、あるとき排除されたそれが「回帰」すると、精神病的な主体は〈性別化というリアル〉に——世界の究極の真理として——直面することになる。倒錯では、「否認 Verleugnung」する。何らかのイメージによって〈性別化としてのリアル〉の周りを遮蔽しておくことで、〈性別化としてのリアル〉のわけの分からなさを否認する。現実《リアル》を知らないふりを演じ切ること。倒錯もまた〈性別化というリアル〉とまったく無関係ではありえないが、それに関し、抑圧したり／排除したりの（神経症／精神病の）闘いをすることなく、素知らぬ顔でやり過ごそうとしている。

ところでドゥルーズ&ガタリの分裂病論は、それ自体で精神病的なのではない。彼らの言説は、私たちを〈性別化というリアル〉のわけの分からなさとの闘いから逃がしたいのであり、それゆえ彼らの理想化する分裂病者は、〈性別化というリアル〉のわけの分からなさを初めから排除しているというよりむしろ、排除しているかのように逃げ続けるのだと思われる。この「かのよう」という偽装性を「否認」的であると解釈する余地があると私は考える。ドゥルーズ&ガタリには、いわば〈否認的な排除〉がある。

ドゥルーズ&ガタリの狙いは、ならば〈倒錯的な精神病〉という折衷案であったことになる。〈倒錯的な精神病〉としての、〈性別化というリアル〉をめぐる〈否認的な排除〉――この定式によって、「無関連化」、「解離」、「未成熟」、「動物化」といったキーワードのざわめく批評の状況自体を、概念的に捉え直してみよう。[16]

## 5 倒錯の強い定義

神経症の欲望と〈別のしかたでの欲望〉を並立させようとする二重の欲望が、現代日本の批評においては核心的である。この二重性のバランスを前者に寄せるか／後者に寄せるかが、しばしば問題になっているのだ。三つにパターンを分けてみよう。

（a）〈別のしかたでの欲望〉を、まったく精神分析的でない「動物的」な「欲求」――「欲望 desir」とは区別される「欲求 besoin」――へと振り切れさせる（東浩紀）。

（b）〈別のしかたでの欲望〉は、要するに倒錯的であると見なすが、あくまで神経症の欲望をベースとして、多かれ少なかれの倒錯化を認めるような議論（キース・ヴィンセントや斎藤環、またジジェクもおそらくこのパターンだろう）。

（c）〈別のしかたでの欲望〉を、肯定されるべき「分裂病」の解放と見なす（ありがちなドゥルーズ＆ガタリ主義）。

そこで今回、私から提起したいのは、（b）における神経症の前提をカットしてしまい、そのように故障させられた「精神分析主義」としての（b′）と、強く「非-精神分析主義」であろうとする東の（a）を、先の考察により倒錯化された（c′）を媒介して縫合することである。ならば、どういうことになるのか。〈性別化というリアル〉を否認する倒錯の、その否認をきわめて強く誇張するならば、ついに倒錯は、神経症（とその対極の精神病）をベースとする古典的な精神分析の有効性そのものを、無効化はせずに否認する立場として再定義されうるだろう。すなわち、「精神分析の時代は終わった」と決め込む非-精神分析主義の、その「終わった」という断定を、精神分析主義の抑圧／排除ではなく否認、いや正確には、否認的な排除として理解するのである。

精神分析の圏内における狭義の否認と、精神分析それ自体についての否認、そうして開かれる精神分析の圏外とをショートサーキットすること。これが、精神分析のセントラルドグマである〈性別化というリアル〉を否認的に排除することであり、このことをもって、ポスト神経症時代の半殺しになった精神分析とその圏外とを股にかける〈倒錯の強い定義〉としよう。〈倒錯の強い定義〉は、精神分析それ自体に対するメタ倒錯の立場を言おうとするものである。

〈倒錯の強い定義〉により、批評的言説それ自体のレベルと、分析対象（クール・ジャパン的なもの）の双方において、神経症（および精神病）の欲望／倒錯（的精神病）の欲望が、互いに分離したまま、無関係なままで並立する状況を考えることができる。

その利点は、オタク的「萌え」とギャル的「乱交性」が、どちらもしばしば、（ⅰ）従来の男性中心主義、女性嫌悪、異性愛規範性、同性愛恐怖をその背後に温存していることを、相変わらずの神経症の反復として理解しつつ同時に、それらの欲望が（ⅰ）から分離して、（ⅱ）男性中心主義でなく、女性嫌悪でなく、異性愛規範的でなく、同性愛恐怖でなくなっているかのようである、もうひとつのレイヤーの存在を思弁できる点だ。フェミニズムやクィア理論、カルチュラル・スタディーズなどは、（ⅰ）を軽んじて（ⅱ）を称揚することを批判する。しかし事はもっと複雑である。現代日本では、少なからぬ理論家たちによって（ⅰ）と（ⅱ）を並立させるという「無理」が自覚されており、かつその理論的な自覚が、ポピュラー文化の生産現場のなかでも密かに作動している。このことを明視しなければならない。性急に（ⅱ）を（ⅰ）へと解消すること（批判の優先）も、（ⅰ）を（ⅱ）へと解消すること（ポピュラー文化の理想化）も、いずれも単純にすぎるのである。クール・ジャパン的なものをめぐる批評――それ自体クール・ジャパン的であるような批評――のメタ倒錯性が、それとして記述されなければならないのである。

## 6 『動物化するポストモダン』のクィアな解釈

東浩紀は、以上の（ⅰ）について「オタクたちの保守的なセクシュアリティ」という表現をし、それは異性愛規範性の「性器的」な自然さであると前提して、その上で、欲望の間主観的な因果性から分離し、ひたすら性器的にのみ興奮させられる異性の表象への（深い理由のない）アディクションを、ポストモダン的な欲望の「動物化」と見なしたのであった。

しかし『動物化するポストモダン』は曖昧さを帯びている。

東の「動物化」概念を改めて分析しよう。そこには次のような要素がある。

（1）非‐精神分析主義：動物化とは、欲望の間主観的な因果性からの分離である。

（2）認知的習慣化：そして、動物化とは、特定の対象の認知を反復することで、対象への中毒的なこだわり（アディクション）に陥ることである。

（3）異性愛‐生殖規範性：（男性オタクにおいて）結局のところ、動物化とは、人間の自然《ネイチャー》＝本性としての異性間での生殖と不可分の異性愛規範性、すなわち「異性愛‐生殖規範性」の存続の再認に他ならない。

これら三点は、『動物化するポストモダン』では次のように連合されている。

（1）を採るなら（3）への帰着は必然であり、すなわち、非‐精神分析主義は、動物としての人間の異性愛‐生殖規範性をまっすぐに《ストレート》肯定することになる。

そして（3）の上に（2）が載っている――（2）がときとして倒錯化しても（3）を脅かすことはない。

東にとっては、本気の倒錯は（2）の認知的習慣化にもとづくものではない。「小児性愛や同性愛、特定の服装へのフェティシズムを自らのセクシュアリティとして引き受けるという決断には、またまったく異なった契機が必要とされる」[17]。このような「引き受け」、「決断」、「まったく異なった契機」は、おそらく、（1）に反して、精神分析に余地を残している表現である。つまり、本気の倒錯の理由は、欲望の間主観的な因果性に求めるしかないのである。とすれば、東の「動物化」

論は、論としてのメタレベルにおいて、精神分析に対するメタ倒錯の立場になっており、諸々のマイナーな「セクシュアリティ」を〈精神分析的な〉欲望の間主観的な因果性へと暗黙のうちに預けておきつつ、このことから解離させて〈別のしかたでの欲望〉としての〈実存的な重みのない〉「萌え」を分けていると見なせるだろう。

もっぱら「動物化」を語る『動物化するポストモダン』は、実のところ、精神分析の有効性を「否認的に排除」して隠しているのである。

「萌え」とは、精神分析的な倒錯（実存的な倒錯）よりもずっと軽くてどうでもよい非‐精神分析的な倒錯（表面的な倒錯）である。後者は、「異性愛‐生殖規範性」をそのインフラとすることにされている。このように、実存的／表面的な倒錯を、メタ倒錯の論理によって解離させておくのが『動物化するポストモダン』の構図である。

以上の「動物化」論では、人間の再生産＝生殖の継続を前提にしている。そこで今回は、先の（1）と（2）の激化によって（3）は揺さぶられるという解釈を提起したい。

東の議論は、生殖の「本能」に訴えているように見える。が、本能――があるとして――に反し、独身者の享楽を生きる者は、現にジェンダーやセクシュアリティを問わず存在するし、また、本能自体が変化する可能性も考える必要がある。ところで、男女のギャル系の身体の虚構化――オタクのコスプレにも通底する――が示唆するような非‐精神分析的な倒錯は、異性愛‐生殖規範性――その基礎をどのくらい本能的に強いものと見るかにかかわらず――からの解離の可能性を含んではいないだろうか。ここで考えたいのは、異性愛‐生殖規範性が依然として維持されるにしても、それと同時に〈生殖の脱‐規範化〉が解離的に並立するという二重の状態である。

〈生殖の脱‐規範化〉とは、どういうことだろうか。それは一方では、子供を成さなくともよいということである。かつ、子供を（本能的に）欲するから成すのではなく、ただ偶発的に成してしまうこともまた含意されるだろう。さらには、人間関係から何らかの「出来事」が生成されること、「できる」こと一般を生殖と捉えてみよう。それは、通常の意味での子供を超えた、抽象的な意味での〈子供的なものとしての出来事〉である。子供を成さないこと、偶発的に子供を成してしまうこと（あらゆる子供の私生児化）、そして出来事の生成一般が、同列に並ぶ。

社会の持続と、社会の持続のいわば「多孔化」が、解離的に並立する。[18]

異性愛‐生殖規範性へと帰着しない、かつ、神経症のなかで閉塞しない（それを否認的に排除した）、別のしかたでの動物化――別のしかたでの非‐精神分析的な、表面的な倒錯――を思弁すること。私は、〈異性愛‐生殖規範的な動物化〉と、社会の持続を多孔化する〈クィアな動物化〉――としての倒錯――を区別したい。

私にとって『動物化するポストモダン』の可能性の中心とは、先の（2）の認知的習慣化が「クィアな動物化」につながる可能性を思弁させる点である。

（……）オタクたちの行動原理は、あえて連想を働かせれば、冷静な判断力に基づく知的な鑑賞者（意識的な人間）とも、フェティッシュに耽溺する性的な主体（無意識的な人間）とも異なり、もっと単純かつ即物的に、薬物依存者の行動原理に近いようにも思われる。あるキャラクター・

デザインやある声優の声に出会って以来、脳の結線が変わってしまったかのように同じ絵や声が頭のなかで回り続け、あたかも取り憑かれたようだ、というのは、少なからぬオタクたちが実感を込めて語る話である。それは趣味よりも薬物依存に似ている[19]。

「脳の結線が変わってしまったかのように」極端になった認知的習慣化は、欲望の理由づけを多方向に、どうでもよくしてしまう。欲望の真の理由という「理念的」なものなしでの、すなわち、欲望の対象の「物自体」を想定するカント主義なしでの、おそらくはヒューム的であると言えるだろう、欲望のどうでもいい認知的習慣化。ヒュームの経験論の原理である、反復される所与の「連合association」による「信念」の仮固定を、「薬物依存」と同じ「脳の結線」の生成変化として捉えよう。欲望のこの英米的なモデルが大陸的なモデルへの執着ないしメランコリーを抱えたままで離陸していく過程こそ、日本の九〇年代末からゼロ年代を通し、批評と哲学において進行してきたことではないだろうか。

## 7 存在論的ハッテン場

ギャルとギャル男、ギャルとギャル、ギャル男とギャル男は、分離して‐女装する女性への生成変化によって互いに分身となるのだから、欠如する何かを補い合うのではなく、ひたすら重なったりズレたりするのみであるだろう……一方で、神経症の圏域があって、そこでは彼女／彼らの「チャラ打ち」は、男性中心主義、女性嫌悪、異性愛規範性、同性愛恐怖によって支配されているのだとしても、他方で同時に、強い倒錯としての〈クィアな動物化〉を遂げる彼女／彼らの分身性、すなわち〈性別化というリアル〉をめぐる懊悩を「否認的に排除」してどうでもよくなっていく、彼女／彼らの分身性のレイヤーが存在する。

神経症という二十世紀的にノーマルな内面性から分離してそれと並立する、それと無関係に並立する外面性の、それだけの、重なったりズレたりするリズム。これまで自然であるとされてきた生殖のリズムではなく非-人間的なリズム、重なったりズレたりする海辺の青白い線——ただしそれは「大いなる海」への回帰ではなく、その回帰を分派させ無効にする、虚構の海辺の経験としての日焼けサロンの青白い紫外線灯によって演出される肌の表面効果でしかない、「陸《おか》サーファー」たちの波立ちである。

クィア理論の先駆者であるレオ・ベルサーニは、二〇〇二年の論文「社交性とクルージング」において、ゲイの「ハッテン場」、すなわち、まったく外面的な判断のみによって相手を選び、すぐさまセックスをして去っていく場所を、一般的な「社交性」にとってのゼロ地点のごとき場所として考察している[20]。

ベルサーニは、ゲオルク・ジンメルによる「社交性」の考察から始める[21]。社交性（友達とのちょっとした会話とか、会社でのやりとりなどを思い浮かべてほしい）とは、自分の実存全体を投入することではない。むしろ自分のいくつかの部分のみで、自分を「控えめ less」にして、自分の「以下性 lessness」を駆使してつきあうことである[22]。実存まるごとをホットに社会全体の目的へ直結させることがファシズム的であるとすれば、自分を「以下」にすること、それぞれの程々の「引きこもり」にもとづく社交性のクールさはファシズムに対する防波堤であり、かつ、場合によってはファシズムへ熱していくかもしれない関係の初めの温度である。この意味で社交性とは、あらゆる関係の可能性の条件、どうでもよさの条件であり、それが(内面なしの)身体と身体のアドホックな黙約において露わにされるのが「ハッテン場」という社会の影なのだ。

さらにベルサーニは、人間のみならず、あらゆる存在者の「以下性」さえも示唆している。これは、社交性の概念から存在論へのジャンプである。ものごと一般の政治哲学である。存在者たちは、それらの本質を互いに全体として絡み合わせているのではない。どんな存在者も、それぞれの「以下性」によって多角的に分離しており、多角的にすれ違っている。[23] 社交性の存在論化、それは、世界はハッテン場であるかのようだと思弁することである。いわば「存在論的ハッテン場」におけるものごとの複数性。分離した万物のリズム、分身化、その快楽。

最も深いところで言うならば、社交性の快楽とは、存在することの快楽、具体的に存在することの快楽である。純粋な存在の、抽象的なレベルにおいて。あの快楽に、それ以外の説明はない。社交性の快楽は、意識的・無意識的な欲望を満たすのではなく、それは、諸々の事物[things]へと向かう/から離れるという絶えまない動きの誘惑性[seductiveness]なのであり、それがなければそもそも、いかなる事物に対する特定の欲望もありえない。あらゆる事物に対する欲望可能性の存在論的な基礎としての誘惑性である。[24]

図４　センターGUYと当時のマンバ風ギャルたち
© 大洋図書『men's egg』2004年3月号

ギャルとギャル男の「チャラ打ち」は、その一見したところの保守性のただなかにおいて、互いを分身として扱う異性間における同性愛のような事態、いわば複数の回文を重ねズラすような性愛を、極薄《ごくうす》の理想として剝離するだろう。

　このような異性愛と同性愛の、相互浸透ではなく分離したままでの並立こそが、ギャル系ファッションにつきものであるキッチュに性的な記号をつぎはぎしていく「乱交的コーディネイト」の二重性格である。理由（特別なトラウマ）のない、というよりも正確には、多すぎる理由の多すぎるがゆえの忘却にもとづいて、どうでもよくこだわってしまう記号——これが「萌え要素」の私なりの再定義である——のつぎはぎ、「記号的乱交 semiotic promiscuity」、それこそが、マンバやセンターＧＵＹの身体のコラージュである。ギャル男の極限形式であったセンターＧＵＹのヘアの、ギザギザでスカスカの「盛り」は、半面では、屹立した男根《ファルス》、すなわち〈性別化というリアル〉の印であるだろうとしても、同時にもう半面で（そのことを否認的に排除して）それは、欲望の多すぎる理由づけを遮断するいくつもの忘却線のイメージとしても解さなければならない（図4）。

だから、あなたにギャル男を愛していないとは言わせない。

その多すぎる理由づけを忘却しているからこそ、ギャル男は、あなたへの／あなたからの分離した分身であるかもしれないからである。

分離して－女装する女性に－なり、虚実の狭間をどうでもよくたむろしているギャル男のギザギザでスカスカの「盛り」――それは、〈倒錯の強い定義〉によって互いに分離された、互いに無関係なるthingsの社交性、あるいは、各々が自らにおいて多面的に絶滅を経ているかのような「頭空っぽ性《エアヘッドネス》」に即して構想される何らかの共同性のアレゴリーなのであり、そのような共同性、あるいは多孔化された共同性を、現代日本の批評では、たとえば日本の、ひとつの希望として思弁しているのである。

（1）本稿初出時（二〇一二年）において、『men's egg』の公称発行部数は二十五万部だった（当時、モード系と言える『MEN'S NON-NO』は二十四万部であり、また、より無難な傾向の『smart』は五十五万部だった）。第一〇〇号の『men's egg』（二〇〇八年一月号）には、ギャル男史を概観するにあたり便利な回顧記事がある：「ヒストリーオブギャル男1990年～2002年」（一二〇－一二一頁）、「ヒストリーofギャル男ヘアー」（一四二－一四三頁）。なお『men's egg』バックナンバーは国会図書館に所蔵されている。本稿では、オークションで入手した一九九九年から十年間のバックナンバーの半数ほどを参照している。

（2）おそらくアメリカ人の、ギャル男に好意的な女性のブログでは、ギャル男文化に対する一般的評価として

air-headed という表現を用いている。Beth Roeser, "Again with the Gyaruo," in *Now I'm in Japan*, November 14, 2009. http://dontstoptiligetenough.blogspot.com/2009/04/again-with-gyaruo.html（最終確認：二〇一八年五月四日）

（3）cf.東浩紀編『日本的想像力の未来――クール・ジャパノロジーの可能性』ＮＨＫブックス、二〇一〇年。

（4）『men's egg』二〇〇三年十一月号では、こうしたファッションを「アダルト」と括り、「サーフ」と対比していたが、二〇〇四年に入って「お兄系」と呼ぶことが普通になる。「お兄系」を特集すると同時に「センターGUYスナップ」を載せた重要な号は、『men's egg』二〇〇四年三月号。その後「お兄系」の普及を加速したのは、二〇〇六年にギャル男スタイルに専門化した渋谷109-②の五階である。

（5）ギャル文化での「盛り」というスラングは、髪をうまく「盛る」ことからさらに、カラーコンタクトレンズを使うと「目が盛れる」といった言い方にも応用されており、外面の演出についての肯定性を幅広く意味している。

（6）ギャル男ヘアとファッションの変遷については、次を参照。千葉雅也「クラウド化するギャル男――「ギャル男ヘア」の成立をめぐる表象文化史とその批評的解釈の試み」、蘆田裕史・水野大二郎編『fashionista』第一号、二〇一二年。

（7）「打つ」とはセックスをすることを意味する。「チャラく」＝軽々しく、とっかえひっかえセックスをすること。

（8）cf.宮台真司「一九九二年以降の日本のサブカルチャー史における意味論の変遷」、『日本的想像力の未来』所収。

（9）cf.斎藤環『解離のポップ・スキル』勁草書房、二〇〇四年。東浩紀『動物化するポストモダン――オタクから見た日本社会』講談社現代新書、二〇〇一年。大澤真幸『〈自由〉の条件』講談社、二〇〇八年。

（10）シャルル・ボードレール「現代生活の画家」、『ボードレール批評』阿部良雄訳、ちくま学芸文庫、第二巻、一九九九年。

(11) 以下の「普通精神病」と「普通倒錯」の対比については、十川幸司・原和之・立木康介「来るべき精神分析のために」、『思想』第一〇三四号、二〇一〇年。および、立木康介『露出せよ、と現代文明は言う』河出書房新社、二〇一三年、第七章。

(12) 立木康介の説明によれば、今日では、神経症的な抑圧、要するに「断念」することによる規範(ダメなものはダメ、という禁止のトートロジー)が、いたるところで弱まっている。普通倒錯を生きる者をルブランは「ネオ主体」と呼ぶ。ネオ主体は、立木によれば、「なんでも自分を基準に選びたがる」ため、子供に「オリジナルな名前」をつけることも目立ち、「我が国でいわゆるキラキラネームが流行る一因もこれだ」という。また普通倒錯では、「飽和するイマージュ」に依存する傾向が強いとされる(立木康介『露出せよ、と現代文明は言う』、一三一-一三二頁)。

(13)「全体化しない全体」としての「器官なき身体」については、ジル・ドゥルーズ&フェリックス・ガタリ『アンチ・オイディプス』宇野邦一訳、河出文庫、上巻、八二-八六頁。また、千葉雅也『動きすぎてはいけない――ジル・ドゥルーズと生成変化の哲学』河出文庫、二〇一七年、第三章。

(14) Jacques-Alain Miller, "An Introduction to Lacan's Clinical Perspectives," in *Reading Seminars I and II: Lacan's Return to Freud*, eds. Richard Feldstein, Bruce Fink and Maire Jaanus, State University of New York Press, 1996.

(15) なぜ二元的な性別があるのか。人間の「系統発生」へと向かわざるを得ないこの問いは、異性間での生殖による「個体発生」以後の無意識以前の、いわば「無-無意識」への問いである。その困難を、仮に「根源的なわけの分からなさ」と表現している。

(16) 日本文化について言われる「未成熟」さのアンビヴァレントな機能については、キース・ヴィンセント「「日本的未成熟」の系譜」、『日本的想像力の未来』所収。

(17) 東浩紀『動物化するポストモダン』、一三一頁。

(18) cf. Lee Edelman, *No Future: Queer Theory and the Death Drive*, Duke University Press, 2004. リー・エーデルマンは『ノー・フューチャー』において、クィアな存在とは、再生産=生殖に対抗する存在であり、そしてそ

れは、人類の絶滅というマジョリティの側が避けたい帰結を受け入れるものではないのか、という挑発的な提議を行った。

(19) 東浩紀『動物化するポストモダン』、一二九頁。

(20) Leo Bersani, "Sociability and Cruising," in *Is the Rectum a Grave?: and Other Essays*, University of Chicago Press, 2010.

(21) cf. ゲオルク・ジンメル『社会学の根本問題――個人と社会』清水幾太郎訳、岩波文庫、一九七九年。

(22) Bersani, "Sociability and Cruising," in *Is the Rectum a Grave?*, p. 62.

(23) こうした発想の存在論的な展開は、グレアム・ハーマンの「オブジェクト指向哲学」に見出せる。cf. グレアム・ハーマン『四方対象――オブジェクト指向存在論入門』岡嶋隆佑監訳、山下智弘・鈴木優花・石井雅巳訳、人文書院、二〇一七年。

(24) Bersani, "Sociability and Cruising," in *Is the Rectum a Grave?*, p. 48.

# さしあたり採用された洋食器によって——金子國義への追悼

とりいそぎの追悼を書く。金子國義画伯が、二〇一五年三月に亡くなった。いつかお目にかかりたく思っていた。その願いはもう叶わない。

僕は遅れてきたファンである。金子氏の絵画を初めて知ったのは九〇年代の中学生の頃で、きっかけは『Alice』（東芝ＥＭＩ、一九九一年）という Macintosh 用のＣＤ－ＲＯＭ作品だった。それは、金子氏のタブローや、アトリエの写真で構成した場面の一部が見えない（透明な）ボタンになっていて、そこから別の場面——や、ちょっとしたアニメーション、それもあったと思う——にリンクされており、あちこちクリックしているとボタンに当たり、氏の絵画世界が開かれるという趣向である。当時、データ量の大きい画像や音楽を使い、隠されたボタンから「ハイパーリンク」の連鎖を旅するという形式のゲームが、ＣＤ－ＲＯＭならではのものとして注目されていた。[1]『Alice』を手がけたのは、日本においてその種の「マルチメディア」作品のパイオニアであった庄野晴彦である。料理番組のようなキザな音楽は、加藤和彦の作曲だった。

真っ赤な布張りのそのパッケージ、舶来の高級品のようなその偉ぶり。

異質なもののつながりを楽しませる——勝ち負けのない——ゲームの源泉としてまさしく『不思議の国のアリス』を参照するという点で、『Alice』はその種のゲーム・ジャンルのあり方自体に意

図1　金子國義《聖なる魚》1977年

識的である。九〇年代当時のマルチメディア的なるものは、ヴァーチャルな彼岸（ウサギの穴の向こう側）で燦めくキャロル風パラドックス、誰しもの夢のなかで起こっているイメージの奇妙な連鎖、重ね合わせのような状況を——合理性は棚上げにして——肯定し、楽しむことに他ならなかった。

まさぐるようにクリックして窃視する、これこそ当時のマルチメディアの、ハイパーリンクの経験である。クリック＝愛撫＝窃視。いかにも遅れてきた者の受容なのだが、僕は、九〇年代のマルチメディア作品を特徴づけるだろう、そうした倒錯的な欲望が、もともと金子國義の作品において本質的であったかのような錯時的感覚と共に、一連のタブローを知ることになったのだった。

『Alice』の後、中古で入手した画集『金子國義——エロスの劇場』（小学館、一九八四年）をいま改めて開いている。一目で金子氏の作品とわかる、大きくアーチを描く太い眉で——フリーダ・カーロを想起させなくもない——、硬く骨張った顔、逆さにしたイチジクのような頭部（図1）。マネの《笛を吹く少年》のように（あるいはアンリ・ルソーの場合のように）平板に塗られた硬直的なポーズ。女も男も、女同士も男同士も、奇妙に類似している。紋切型の顔貌である。あれらは、何らかの欲望を体現する、金子氏に特有の「定型」であるような何者かの反復なのか。判で押したような反復。夢のなかで多数の人物が一体に合成されるように、あの特徴的な顔貌においては多くの「元ネタ」が融合しており、そして、異なる地理・歴史の記憶がざわめいている。金子國義的顔貌は、サンプリング的であり、混血的だ。

確かに目立つのは、西洋風の「お洒落な」意匠である。けれどもそれは、多様性の上に被せられた「匿名性の殻」ではなかろうか。多方向にエキゾチックな人々を、あるいは古《いにしえ》の人々も未来の人々も同じく、たんなる形骸的な洋装（タキシード、白のシャツ）に身を包ませ、素性を隠させ、形骸的な晩餐会に集わせている。

食事のモチーフを頻繁に見せる金子氏のタブローは、混血者が参列する形骸的な晩餐会であるかに思われる。そしてそれは、支配的なる西洋文明への復讐の場面であるとさえ思われる。たんに形骸的な晩餐会を描くというのは、西洋が達成した文化も政治も自然科学も、たんなるドレスコード、エチケット、レトリックの体系にすぎないものとして取り扱うことでもあるのかもしれない――「お洒落でしかないものとしての西洋」への憧れによって、西洋の達成を脱本質化するかのように。こうして僕は、金子氏の背景にあるデザイナー的な姿勢を、西洋文明の形骸的受容という問題につなげて考えようとしている。デザイナー出身のアーティストにはしばしば、形骸的なものをめぐる鋭敏な操作がある。僕は以前、元々家具をデザインしていたフランシス・ベーコンの画業をその観点から考察したことがある。(2)

さて、しかしながら、西洋に対する脱本質化の逆として、非－西洋の何事かを本質化するわけで

図２　金子國義《優雅な条件》1983年

はないのだ、おそらく。ここで、思弁的に言うことを許していただくならば、「お洒落でしかないものとしての西洋」は、あらゆる方位への「お洒落でしかない化」を一般化する範例として機能する可能性があると思うのである。それは、我々の立場（日本、アジア）も含めたあらゆる方位への一般エキゾチズムである。表面を愛撫するだけの（形骸を愛でる）欲望をあらゆる方位へ放散する。これは、他者を一方的に貧しく＝美しく表象するエキゾチズムではない（限定エキゾチズム）。一般エキゾチズムにおいては、主権者も、特権的な犠牲者もいないかのようなのだ。そこにおいて、対象化する主体／対象化される他者の非対称性（の暴力性）を糾弾するのは、もはや場違いなのである。なぜなら、結局はすべてが、貧しく＝美しいものへと零落していくのだから。万物が（人間のみならず）、互いに謙遜を、卑下を競うかのように、愛でられ味わわれるだけのものへと零落していく。世界の諸要素は、たんなるドレスコード、エチケット、レトリックの細部にすぎないものへと零落していくのである。どこにも「でしかなくない」本質を残すことなしに、三々五々、すべてが多様なる「でしかない」に向けて解散していく。世界それ自体の「お洒落でしかない化」、ないしファッション化……。

　金子氏のタブローでは、人物が「小物《こもの》」を弄んでいたり、また、それらに人物が弄ばれていたりする。人物とそれら小さな対象、オブジェの配置はしばしば、ある円環を描いている。明確にそれを象徴する例として、《優雅な条件》（一九八三年）では、直立した人物が、両手の間の空間で、ワイングラス・化粧道具・櫛をジャグリングのように回転させている（図2）。潜在的な場合として、《選ばれた者》（一九八二年）では、下方で三人の男性が作る三日月型が、その周りに散ったザクロ・パレット・絵筆と、上空にある二つのザクロをつなぐことで得られる円環の領域に含まれている（図3）。また《遊戯の果てⅡ》（一九八二年）では、三人の男性が正三角形の組をなしている構図に、エスカルゴ・皿・スプーン・フォークによる円環が重なっている。八〇年代初頭に顕著なこうした傾向

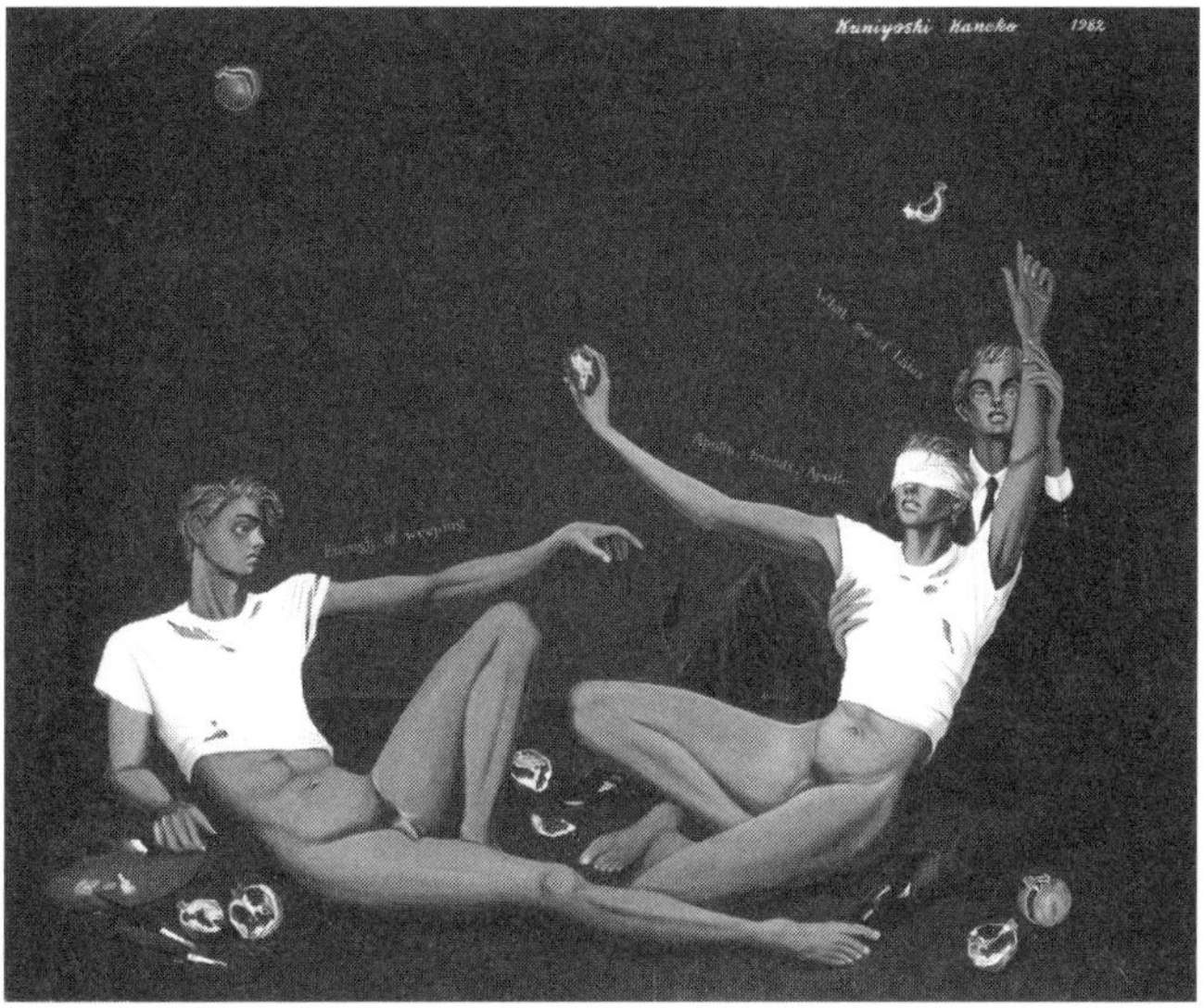

図3　同《選ばれた者》一九八二年

は、人も物も「小物でしかなく」なっていくサイクルに捲き込まれている様を示しているように思われる。小物化、（部分）対象化の力場であるその円環は、ベーコンの画面における幾何的な区切りのように、閉域を形づくるものだ。

それは、諸々のオブジェの「でしかない」の閉域、有限性の閉域であり、その円環のただ空回りする運動は、「でしかなくない」ことの深さにコミットしないための運動なのだ。世界は、スノードームのなかの偽の雪片のように空回りする小さな対象の円環「でしかない」のである――この解釈を僕は、存在論的に玩味されうるものとして提出している。これを、七〇‐八〇年代の消費社会化に照らして云々することは、やりたくない。一般エキゾチズムの作動を読みとることで済ませるのである。そうして、何であれ貧しく＝美しい小物「でしかない」ものになるという、存在論的な多方向の平板化・有限化のスイッチを――「でしかなくない」ことの蒸発を――示唆する点に、金子氏の画業の魅力を位置づけたいのである。

時代の文脈を言うならば、この手のお洒落さはかつてあったと懐古的になることもできはする。澁澤龍彥らの文脈――シュルレアリスム、幻想的オブジェ、サドやらバタイユやらのエロス／タナトス表現、等々の「おフランス」趣味を金子氏もまた引き受けている。今日、そのリバイバルもありうるだろうが、その文脈が確かに生き延びていたのは九〇年代までだろう。二〇〇〇年代を通しての情報化・グローバル化は、辺境たる日本からの窃視的な西洋憧憬とでも言えるだろう欲望のモードを、決定的に過去の遺物にしてしまった。舶来の高級品や高級なポルノを、薄暗い奥まった部屋でこそこそ愛でる時代ではなくなったのである。

『Alice』など九〇年代のマルチメディア作品における窃視的なハイパーリンクの楽しみもまた、本格的な情報化・グローバル化以前の事柄であった。無償の窃視という素朴さ！「不思議の国」を覗き回ってそれで済まされるという素朴さ！　いまやリンクを「踏む」というのは多少なり詐欺（グローバルな）に引っかかることであり、利害の分岐にコミットすることであり、かつてヴァーチャルと言われたネット空間は、厳しい現実にすっかり飲み込まれてしまった。もはやヴァーチャル「でしかない」ものではない。マルチメディアもハイパーリンクも、生臭い食い扶持になってしまった。

グローバル化は、「お洒落でしかないものとしての西洋」を無効化した。

それにしても、洋食器《カトラリー》！　洒落た料理を、身体を愛撫するように味わう。洒落た料理を味わうように、誰かを、かつ自分を愛撫する。洒落たもの「でしかない」料理を、である。生きるのに必須の食事ではなく、生命から遠ざけられた装飾「でしかない」食事、文明的でしかない食事、純然たる味つけとしての味つけにしか関わらないガストロノミー。あるいは、様々な面影の交錯する青年の滑らかな胸に浮かぶ汗、塩化ナトリウム、つまり、表面で結晶化する死を舐めるだけであること（髪を切るというテーマも同様に、表面における死との戯れであろう）。さしあたり西洋のエチケットを採用した形骸的な晩餐会は、あたかもそこでは食べる主体、主権者、搾取者が不在であるかのように——人の身体も含めてあらゆるオブジェがすべて、味つけとしての味つけでしかないかのように——、ひたすら形骸的なものとしてのみ夢見られている。特権的な重要性を持たない、いくつもの「最後の晩餐」の空回り（あるいは、三月ウサギと帽子屋の狂ったティー・パーティーの変奏）。金子氏のナイフやフォークやスプーンは、人も物も区別せず、それら＝小さな対象を愛撫としてのみ傷つけ、切りとり、穴だらけにし、また寄せ集めたり、移動したりするばかりである。あらゆる人も物も、あらゆる方向から、愛撫「でしかなく」傷つけられることの循環。さしあたり採用された洋食器によって、である。

（1）代表的なものとしては、『Myst』（一九九三年）などCyan社の作品が想起される。
（2）本書、「思考停止についての試論――フランシス・ベーコンについて」。

＊図版の出典：『KUNIYOSHI KANEKO Oil PAINTINGS』メディアファクトリー、二〇〇一年。

# 四分三十三秒のパラダイス

ジョン・ケージの《4′33″》。その演奏中に、「光GENJI」がローラースケートで滑り込み、ピアノを弾かないデイヴィッド・チュードアを囲んで、《パラダイス銀河》を歌い踊るとしたらどうだろうか。それでもなお《4′33″》が、亡霊のように持続するなら、僕たちは、無へと放たれた耳において、ジャニーズ独特の斉唱がはらむピッチの揺らぎに驚きつつ、凡庸なドミナント・モーションに始まるその和声のダイナミズムを、あらためて、途方もない謎として聴くだろう。

そんな経験にも似たことを、スティーヴ・ライヒの《エレクトリック・カウンターポイント》に感じる。パット・メセニーのエレキ・ギターが演じる三つの楽章は、禁欲的なパルスのさざ波から始まって、しだいに動きを豊かにし、すこぶるポップなサビへと盛り上がっていく。小沼純一の『ミニマル・ミュージック』によれば、この作品は、エレキ・ギターの特性であるピックを用いた奏法によって音の「輪郭」を研磨しつつ、ときに「ライヒというよりはメセニーの癖と呼んでもよいようなパッセージ」を享楽する。そこには実際、反復の二つのアスペクトがあるように思う。ひとつひとつの音を純化し、耳の態勢をリセットする反復。その上で、ギタリストの歌心あるいは「こぶし」、そして機能和声のクリシェが持つ物語を、そっくりそのまま、生成途上の出来事へと異化する反復。粒立った高音のリフレインに、粘りあるベースが絡みつき、瑞々しくコードが刻まれる終楽章は、ミニマリズムの純度と、身体性そして歴史性の不純にもエロティックなノリとを、ほとんど融合《フュージョン》させながら、駆け抜けていく。

午後のファミリー・レストランを彩ることもあるだろう、メセニーの他愛もない「フュージョン」が、四分三十三秒のパラダイスへと変容すること。そんな出来事への応答可能性《レスポンサビリティ》＝責任において、僕たちの耳は、既成のモラルをそのただなかで倒錯させる、エチカの響きに出会うのかもしれない。

# Ⅲ　他者

# 美術史にブラックライトを当てること——クリスチャン・ラッセンのブルー

ラッセンの絵を見かけるたびに、水槽に夢中だった中学生の頃を想起させられる。海水の管理は難しいので、僕の場合は淡水だった。最初は、平凡なことにエンゼルフィッシュやネオンテトラをおもしろく思っていた。次の段階では、動きの鈍いナマズの一種へと興味を移し、末期には、様々な水草に執心するようになった。最後に作った「オランダ式水草水槽」に魚は一匹もいなかった。

アクアリスト（水槽愛好者）は、何をしているのだろう。

幼少期から僕は、哺乳類にあまり関心がなかった。お気に入りは、岩場や深海の、魚よりも無脊椎動物であり、そして同時に人工衛星であった。ウミウシやイバラカンザシと、スプートニクの類を同列に置いていた。それらは、感情移入の埒外で、孤独にそれ自体において在るという「完成度」を誇っているように見える。哺乳類は、感情移入をたいてい惹起するものだから、おもしろくないのだ。

アクアリストは、手間をかけて自分の室内に自分と無関係の世界を区分し、その無関係ぶりの維持（としての水質の管理）に努める。アクアリストは、非‐コミュニケーションを欲望しているかのようである。犬を手懐ける者の擬人的な期待とは反対に。多彩な魚たちは、僕に関係なく勝手に舞っている。さらに勝手なのは、ウミキノコやムラサキハナギンチャクや、水草の佇みである。透明なガラスやアクリルの板が、水域を、この世界のリアリティから切断する。そこは、ひとつの「可能世界」であるかのように感じられる。

毒々しいブルー。紫に近い、ブラックライトのようなブルー。

ラッセンに特徴的なあのブルーは、南洋と空そして星雲を、深夜の歓楽街の片隅に直結させる。ラッセンの描く自然は、お水的なる何事かを示唆しているのであり、のみならず、お水的なる何事かこそがおそらく、自然の秘密を示唆しているに違いないのだ。ラッセンの画面は、紫煙に満たされた自然の密室である。

巧みなセールストークによって販売される一種のインテリア・アートにすぎないはずであるラッセンの商品を、あえて謎めいた作品として吟味するという実験的な「ラッセン展」の知らせを受けた直後、僕は、大阪のゲイバーの窮屈なトイレで、たまたま一枚のラッセンを目にすることになった。四方の壁は、店子《みせこ》たちの誕生日パーティーを告知するポスターに覆われている。この国のこの時代の「イケメン」たる規矩に合わせるべく画像処理され、半分ヴァーチャルなキャラクターとなった彼らからのカメラ目線は一斉に、白い便器の上空で僕の頭脳を撃ち抜こうとする。彼らは、僕を見ている。そして僕は、少し視線を落とし、便器のタンクの天板上でミニチュアのイーゼルに架けられたラッセン――のおそらく絵葉書――を発見する。四方の笑顔は、ラッセンを見ている僕を見ている。彼らに気圧《けお》されながら僕は、半分の集中力でラッセンに対峙する。

客引きをする視線は、実は、魅力的であるべき自分自身をまさぐる視線なのであり、その内向きのベクトルの先で、他者にヒットせずヒットする。他者を見ずに見る。半分の集中力で。ゲイバーの男たちは、店子も客も互いに、客引きの視線をヒットさせないでヒットさせる。僕は、僕自身を見ながら彼らを見ずに見、彼ら自身を見る彼らによって見ずに見られながら、ラッセンを、見ずに見たのだろうか。

　誰もが、互いを多くとも半分しか見ないということ、そうしたぞんざいに扱われることの享楽が、お水的なる何事かである。誰もが、ぞんざいにあしらわれるような夜半。ラッセン作品の謎は、ぞんざいにあしらわれるということの謎であるだろう。こうしたラッセン評は、あらゆるどうでもいい――と権威によって唾棄される――表象を、どうでもいいからこそという理由で尊重することへと敷衍されうる。僕にとってラッセン作品は、強く「ベタ」でしかない――と、何らかの観点から断定することの容易な――文化商品に、極薄の距離で〈ベタでしかないことについてのメタ性〉を付帯させるという所作について考えさせる範例になっている。僕は、正しく（？）メタであると何らかの基準によって判定される表象に投票することからも、逆に、ベタでしかない表象に安んじて抱かれることからも疎外されて、双方から「ハブられ」ていることに奇妙な快を感じているのかもしれない。特定のメタにも、特定のベタにも、与《くみ》したくないのである。

　ラッセン作品を、白木の額に入れ、白壁に掛けてみる。どういう表象であっても、それへの敬意は、フレーミングの如何によって仮にオン／オフされるはずである――と要約できるだろう「ラッセン展」の前提は、二面の性格を持つように思われる。一方では、表象の制度的な価値づけを懐疑するアイロニー。この企画では、異なる制度に属する作品をそっけなく並置し、それらの見分け／

混同の狭間で私たちの判断力を痙攣させる。しかし、そればかりではない。他方でこの企画は、アイロニーのメタな意識をどうでもよくし、ただ、謎としてのラッセン作品のディテールに、呆けたように触発されまくってしまえという受動化へと私たちを誘っているのである。アイロニーではなくユーモアとしての。徹底されるならば、それは「分裂病的」な経験にも似ることであろう。制度の諸事情も、ラッセン本人の善意もあざとさも見ずに、ただ、毒々しいブルーの水中を行き交う者たちを見るのである。ラッセン批判を可能にする制度に与しないと同時に、ベタな肯定――「きれい」、「すごい」、「エコだ」といった――を可能にする制度にも与しない。良し悪しを言わずにラッセン作品の構造を分析するのは、有意義なことである。けれども、僕としては、価値判断を宙づりにしながら、分析して意味的に馴致することもできないディテールの喧噪に突き落とされてみたいのだ。

　水中へ、深夜の片隅へ、突き落とされること――その不安を享楽すること。

　価値判断する批評（道徳的な批評）でも、価値判断を宙づりにする批評（倫理的でアイロニカルな批評）でもなく、ただ、表象の諸要素の乱交に対応する、思考の乱交としての、批評以下の批評（倫理的ですらないユーモラスな下－批評《インフラクリティーク》）に陥ってみること。こうした危機――の享楽――についての思考をトリガーする表象の範例が、ラッセンのあの海の絵であるとしたら、どうだろうか。

　分断された様々な「美術の環世界」の並立は、海中の者たちのそっけない並立に、対応している。半－無関心の並立。それは、愛の制度によって防がれていない剝き出しの（自然な）暴力と同一平面上の、やはり愛の制度なしでの平和である。ラッセンのイルカは、地球の仲間たちを統合する愛の象徴なのではない。人間の分身であると目されるあのイルカは、半－無関心の並立において、他者への、実は一触即発であるのかもしれない距離を適当にやりすごすための、社交的な愛想笑いを浮かべているように思われるのである。

ラッセンの毒々しいブルーは、様々な度合いの半－無関心のあいだを社交的に媒介している。ブラックライトの紫外線に照らされることで、ギャラリーの白壁は、全《まった》き中立性を偽装していられなくなり、眩く蛍光して前景に迫り出してくる——ラッセン化された美術館、あるいは、水族館。互いによそよそしい複数の「美術の環世界」のあいだに、見ずに見る視線——客引きの、あるいは、海の者たちの——を行き交わせる社交場としての、すなわち、青く照らされたバーカウンターとしての美術館。いや、水族館。それは、アイロニー（価値判断の宙づり）でもあり、酔ったユーモア（表象の乱交へのダイビング）でもある。珊瑚礁のごとくに、あるいは、ホストたちの鬣《たてがみ》のごとくに盛り－並べられた、生息地を異にする表象の部分から部分へ、見ずに見る視線をジャンプさせる——乱交とは、そういうことである。匿名的な者たちによる刹那のセックスは、愛の制度を共有しない、半－無関心的に平和であるばかりの、かつ、それゆえに一触即発でもあるのだろう、ヒットしないヒットの戯れに他ならない。

客引きの視線によって引かれる客になる。どこかに迷い込んでいく熱帯の魚になる。そしてバーカウンターの片隅に仮固定され、半－植物化するのだ。イバラカンザシのように、珊瑚のように。お水的なるブルーは、あらゆる表象のディテールを他者の環世界へと迷い込ませる青信号のゴーサインである。「ラッセン展」において、キャラクター画像の騒がしい断片（梅沢和木）が色々なポリプに化すことを、また、公募展の大仰な額縁が——青く光るヤンキー車の「スカート」めいているのと同時に——テーブルサンゴに化すことを、逆もまた真にしなければならぬ。むしろ、南洋の水中こそが、移り気な「出会い系」の世界なのである、というふうに。互いが互いの分身となる歓楽街の夜半。ネオンのように高彩度の色彩がひしめくラッセンの南洋は、お水の世界に他ならないのであり、そこでは一匹狼のサーファーも、伝統を継ぐ者も、データベースを漁るオタクもみな、海水のたゆたいに身を任せるような酔いの朦朧のなかで、互いを真似るカラオケに興じるしかない。

美術史にブラックライトを当てる、生活にブラックライトを当てる——真昼であっても。それは、美術史のいたるところで、生活のいたるところで、異なる環世界を——様々な半-無関心を——並立させる珊瑚礁の隙間に迷い込むことである。関係の複雑さを楽しむのではなく、関係から外れるしかたの多様性——の不安——を享楽することに陥ってみる。ラッセン的になる、お水的になる、アクアリウム的になること。極彩色の分断線でバラバラにされた部分から部分への移行を許す、非一貫性の青信号——おお、ラッセンのブルー。

＊本稿は、次の展覧会の批評である：「ラッセン展」、企画＝大下裕司・原田裕規、出品作家＝クリスチャン・ラッセン、山口俊郎、小林武雄、出相洸一、結城唯善、悠久斎、梅沢和木、百頭たけし、主催＝CASHI、二〇一二年八月一日－二十五日。

# 思弁的実在論と無解釈的なもの

## はじめに

人間から動物へ。さらに動物から、たんなる物へ。無機的で、生命のない（と通常はそう見なされる）物へ。死物へ。思考したり、情動が湧き起こったり、意志で動いたりしないだろう、たんなる物へ。[1] たとえば、犬から自転車の方へ。[2] 鉄へ、アルミニウムへ。石ころの方へ。大気の巨大な流れの方へ。ポスト構造主義の後期からそれ以後（ポスト・ポスト構造主義）への展開――また、それと連動しての文化・批判理論の展開――では、人間総体の他者として想定されるものの範例が、動物から物へと移ったように思われる。それはあたかも、ハイデガーが一九二九－三〇年の講義『形而上学の根本諸概念』において示した三幅対のテーゼに則る形で、人間からより遠くへと外出していくかのように、である――すなわち、「人間は世界を作る」から「動物は世界が貧しい」へ、そして「石には世界がない」へ、というわけだ。[3]

二〇〇〇年代の前半には、動物論（また生命論）がブームになっていた。たとえば、デリダの講義『獣と主権者』や、フーコーやドゥルーズの後を受けてのアガンベンの生政治論、生命技術の進展に対応した生命哲学（人間性を特権化しないものとしての）、などである。また、本格化しつつあった社会の全面的なインターネット化における、欲望のある種の単純化を、東浩紀の『動物化するポストモダン』（二〇〇一年）が「動物化」として捉えたことも――とりわけ、オタク文化での「萌え」に関して――、如上のグローバルな動きに連動してのことである[4]。こうした状況の後で、まるで「貧しさ」の極端へ向かわねばならないという衝迫があるかのように、いわば〈物の現代思想〉が発火し、二〇一〇年前後に集団的現象として目立つようになった。

これに関しては、二つの名称を挙げることができる。前衛党的・カルト的な扱いをされ（ることを自ら進んで演出し）、急速に話題の的になった「思弁的実在論 Speculative Realism」と、もっと広範囲に言われる「新しい唯物論 New Materialism」である。人間ではなくたんなる物へ、という方向づけを極端に打ち出しているのは、思弁的実在論の方であると言えるだろう（死物をベースとして事物一般を取り扱う）。もうひとつの、新しい唯物論においては、物の前景化がなされているのと同時に、しばしば、動物・生命に関わる議論が延長されている。

思弁的実在論という名称は、二〇〇七年にロンドン大学ゴールドスミス校で行われたワークショップの題として掲げられたものだ。そこに集った四人の論者：レイ・ブラシエ、イアン・ハミルトン・グラント、グレアム・ハーマン、カンタン・メイヤスーを思弁的実在論のオリジナルメンバーと認めるのが慣例であるが、各人のその名称に対する距離感の違いは、事態の進展につれて拡大していった[5]。本稿ではそうした事情に立ち入ることはしない。ただ、思弁的実在論がインターネットでの言論によって一人歩きした「バズワード」であることには、注意を促しておかねばならないだろう。

他方で、新しい唯物論の方に含められるのは、たとえば、ドゥルーズ哲学を現代の自然科学に架橋するマヌエル・デランダや、事物一般をエージェントとした政治思想を構想するジェーン・ベネットらである。[6] 新しい唯物論は政治やフェミニズムに結びついている点が重要である。

本稿では、思弁的実在論をSR、新しい唯物論をNMと略記することにしよう。そして、SRやNMを目立った傾向として含む大きな論況を、暫定的に「非人間的転回 the Nonhuman Turn」と呼んで括ることにしたい。この言い方は、リチャード・グルーシンが指揮した北米でのカンファレンス（二〇一二年）とその後の論集（二〇一五年）のタイトルとして用いられたものである。[7] 管見の限り、SRとNMを包括できる表現として、これ以外に有力な候補は出ていないようである。

本稿は、非人間的転回における、とくにSR周辺の特徴を――NMなどから区別する指標となるだろう特徴を――〈絶対的無関係 absolute non-relation〉という概念に凝縮し、その上で、SRのひとつの社会的意義を考察するものである。SRは、物の現代思想の一種として、社会的な存在たる私たちが、あえて社会の外部を前景化するという考察を勧めていると言えるだろう。さて、もしこのことを、私たち自身に対して適用するならば、どうだろうか――すなわちこれは、社会的な私たち自身に社会のまったくの外部としての存在様態を認めるならばどうだろうか、という問題だ。言い換えれば、私たち＝人間における「より貧しい」面に向き合うこと、このことの社会的な意義をどのように考えられるだろうか。そして、この問題を通して本稿では、現代における「人文学 Humanities」の位置づけについても再検討することになる。

## 1　絶対的無関係

SR周辺では、私たち＝人間の思考から切り離された事物それ自体（things in themselves）について、また世界それ自体について、絶対的にしかじかであると思考し、述定できるという立場を示している。私たちの考え方しだいで別様に事物・世界が現れるというのではなく、即自的なものについて何かを思考できるとするのである。こうした立場としてのSRに言及する際には、たいがいは、メイヤスーとハーマンが持ち出される。SRのオリジナルメンバーのうち、この二人の理論がとくに、常套句的に応用しやすいものとして受容されていると言ってよい。メイヤスーによる「相関主義」批判、そしてハーマンが主導者の一人である「オブジェクト指向存在論」、この二つが、SRの主な焦点と見なされ、活発な反応を引き起こしてきた。

では、メイヤスーとハーマンにおける非人間的なものの位置づけを把握しよう。

メイヤスーは、最初の著作『有限性の後で』（二〇〇六年）において、「相関主義corrélationisme」批判という課題を提示した。相関主義はひじょうに包括力のある概念で、メイヤスーによればそれは、カントによる超越論哲学の確立後、今日に至るまでの近現代哲学の前提にされてきたものだ。次のように定義される。「私たちが「相関」という語で呼ぶ観念に従えば、私たちは思考と存在の相関のみにアクセスできるのであり、一方の項のみへのアクセスはできない。したがって今後、そのように理解された相関の乗り越え不可能な性格を認めるという思考のあらゆる傾向を、相関主義と呼ぶことにしよう[8]」。私たちは、私たちによって思考されている＝私たちの思考と相関している存在、世界（存在するものの総体）だけを思考できるのであり（そして逆に、何とも相関しない思考だけの思考も不可能であり）、私たちによって思考されているという条件を無視して、絶対的にそれ自体がどうであるかを思考することは不可能なのである。

そこでメイヤスーは、非相関的な世界それ自体――「大いなる外部」と呼ばれる――を思考するため、新たなる「絶対的なもの」の本性を論理的に確保する。非相関的な世界を真に対象化していると見なせる場合として、メイヤスーは、人類そしてあらゆる生命の発生以前の世界についての、数学を根本的な方法とする物理科学の言明を出発点に据える（そうした言明の妥当性を認める）。そこから、数学によって「絶対的に」思考される事物それ自体があることを確実にするため、そもそも絶対的なものに認められるべき資格とはどういうものかを再検討するのである。

行程の要約を試みよう。『有限性の後で』は最初に、相関的な質（ロックやデカルトにおける二次性質）の様々な述定によっては左右されない、絶対的な本性＝量（一次性質）へ、という方向づけを示す。本稿ではこれを、「解釈 interpretation」から分離された絶対的なもの＝実在へ、と言い換えてみる（メイヤスーは語 absolutus に「分離」の意味があることを指摘している）。メイヤスーは、絶対性と「必然性」を区別する。相関主義以前の形而上学は、何らかの必然的存在者にもとづく確実な知を打ち立てようとしていた。たとえばデカルトは、神の存在論的証明でもって数学的実在を保証したのだった。必然的存在者は、この世界のすべてになぜこのようであるのかの「充足理由」があるという「理由律」（ライプニッツの定式化が有名である）の究極のアンカーである。相関主義は、必然的存在者を無効にすることによって形而上学を葬った――この世界は「事実的」に私たちにこのように与えられている。究極の充足理由は、私たちには思考不可能だ（私たちの有限性）。そうした相関主義からの脱出として、メイヤスーは、充足理由は思考不可能なのではなく、絶対的に＝即自的に無である、という立場を擁護するのである。

この世界が事実的なのならば、世界が別様でありうる可能性が示唆される。相関主義ではそうした諸可能性は、私たちの有限性ゆえに想定される（つまり、この世界がこうである理由がわからないのとペアで、この世界がこうでなく別様である諸可能性という余地が生じている）。そこでメイヤスーは、事実性概念を私たちの有限性から切り離し、絶対化することで、事実的な世界それ自体が、「非理由 irraison」で（何の理由もなしに）、別様の事実的なあり方に変化しうる、という可能性を認める（その際、世界それ自体の変化可能性が、実は相関主義の前提に潜んでいるという論法に訴える）。世界は、理由なしに発生する。新たな世界の根底もこの世界の根底も、まったくの理由なしなのである。圧縮して言えば、私たちによる解釈から分離された、絶対的に事実的な実在の、まったく理由なき＝偶然的な変化性――メイヤスーはこれを「ハイパーカオス」と呼ぶ――が肯定されるのである。

以上において私は「解釈」――相関的思考に相当する――を、「終わりなき」解釈という意味で用いている。実在に触れての絶対的な知は不可能であるという条件下で、多様な解釈が実在への不可能な漸近としてなされ続ける。基本的に人文学は、そのように営まれているものと言うことができるだろう。ここでは、解釈学的であることを人文学全般の特質とみなしたディルタイらの伝統的議論を背景に敷いた上で、ラカンの精神分析理論における、欲望は到達不可能なもの、いわば「穴」をめぐって空回りし続ける、という図式を援用している。

さて、終わりなき解釈を（終わりなきとわかっていて）続ける人文学、これに対照的なのは、実在論的な自然科学の立場である。実在論的であるならば、自然科学は、そのつどに仮説的ではあるにしても、実在に触れた知識を生産しているという自負を持つはずである。通常、探究される実在の本性、つまり諸法則は、不変であると想定されている。ところがメイヤスーの主張では、実在的法則は不変でなくなる。実在的法則が突然、理由なく多様に変化しうるのだ。

ここで、終わりなき解釈の絶対的な外部を、〈無解釈的 non-interpretive〉と形容することにする。以上において〈無解釈的なもの the non-interpretive〉は、二段階で示されていた。第一には、実在論的な自然科学の場合で、それは、不変の実在的法則である。第二には、メイヤスーの自然科学観における、変化可能な実在的法則である。注目したいのは、実在論的な（通常の）自然科学をまたいでの、二種の変化性の対比だ。すなわち、解釈的な変化性／無解釈的な変化性という対比である。前者は、穴のような不可能なものをめぐり続ける変化性である。後者は、実在それ自体の根本的な変化性であり、この場合では、もはや穴的な審級は働いていないことになる。

次にハーマンの場合を見よう。ハーマンは、様々な変種が生じている「オブジェクト指向存在論 Object-Oriented Ontology」（ＯＯＯ）の先導者である（彼自身は自分の体系を「オブジェクト指向哲学 Object-Oriented Philosophy」と呼んでいる）。ハーマンもまた「人間的アクセス」の哲学を広く批判する。メイヤスーは世界という単位で議論していたが、ＯＯＯの特徴は、個別の物それぞれに注目することである。ハーマンの存在論において根本的なのは、人間－事物の関係のみならず、事物一般のあらゆる関係を遮断することである。「オブジェクト指向哲学には、ひとつの基本的な教義がある。それは、オブジェクトの、あらゆる知覚的また因果的な関係からの引きこもり

［withdrawal］である」[9]。事物＝オブジェクトの実在的なあり方は、「隔離された〔独居の〕プライベートな孤立状態に詰め込まれている packed into secluded private vacuums」などと表現される[10]。

こうした規定によってハーマンは、たとえば、ハンマーであれマッシュルームであれ中性子であれ[11]、事物一般について、その他者性ないし特異性を絶対化するのである。オブジェクトの即自的な奥行きをどこまでも隠された秘密として確保するのが、ハーマンの根本方針だ。これは、直接にはハイデガー（存在そのものへ、という方向づけ）の読解にもとづいており、またレヴィナスなどポスト・ハイデガーの現象学からも影響を受けている。ハーマンは、現象学的な他者性を極端化し、人間中心性を差し引き、あらゆる個体化されたものを「全き他者」（レヴィナス）にし、個々が絶対的にバラバラである状況を描き出すのである。

総じて、ＯＯＯは「剰余」の言説であると言うことができるだろう。これはいわば、オブジェクトにおいてはそれ自身であることがつねに余っている、ということだ。ハーマンは、一個のオブジェクトについて、下位の要素への分解（undermining と呼ばれる）も拒否するし、諸関係あるいはコンテクストのなかに包摂してそこで溶解させること（overmining と呼ばれる）も拒否する。オブジェクトのそれ自身であることの剰余は、その本性的な「力」の無限な多様性を指している。「オブジェクトとは、ブラックボックスでありブラックホールであり、その力と排気ガスを世界のなかへ噴出する内燃機関なのだ」[12]。さて、本稿の構図で言えば、ハーマンにおいては関係一般が「解釈」に相当する。したがって、オブジェクトは無解釈的なものである。

他方のメイヤスーは、相関主義の側＝私たちの側から何段階かの複雑な乗り越えを経ていくのであった。ハーマンは、議論の最初のステップとしては、関係‐解釈によって汲み尽くされることがないオブジェクトのその遠さを強調するが、次のステップでは、オブジェクトの遠さを絶対化し、〈汲み尽くせない〉からその向こう側へと〈絶対的に秘密である〉を切り出すことで、終わらない解釈のその終わらなさの原因でありながら、かつ、その終わらなさから絶対的に無関係であるものとしてのオブジェクトのポジションを設定するのである。これがハーマンにおいて相関主義批判に相当することであろう。

そしてハーマンは、オブジェクトの側が力を一方向的に発揮しているという状況に私たちを（無関係で）向き合わせる。メイヤスーは、私たちが、私たちにとっての思考なしで世界それ自体を思考する方法を探究していた。相関主義批判を経ての私たち――偶然性の必然性を知って、その上で数学を行使できる合理的な存在としての――が主語なのである。しかしハーマンの場合では、主語はオブジェクトの側に引き渡される。

さて、たとえばマッシュルームはどういう力を発揮するのかと問うてみるなら、私たちは終わりなき解釈に捕らえられるしかない。そうではないしかたで、力の剰余それ自体に私たちが触れることはできないのだろうか。そこでOOOでは、たんに物の名前を挙げる、列挙するというレトリックに訴えている。いわば〈関係‐解釈指向〉で剰余を語ることを停止するには、たんなる無解釈的な名の指示でもって、そして思考停止でもって剰余に向き合うしかないように思われる。

整理しよう。メイヤスーとハーマンはいずれも、事物それ自体へと向かう議論の要として、〈絶対的無関係〉を肯定している。メイヤスーの「大いなる外部」は、私たちの思考と世界との相関から絶対的に無関係である。ハーマンでは、事物の一個一個が絶対的に無関係である。そしてハーマンは、事物＝オブジェクトに、他との絶対的無関係における本性的な力の剰余を認める。これと似て、メイヤスーの場合では、実在がそれ自体で変化しうる可能性が、つねに途方もなく余っている（ハイパーカオス）。

ＳＲ周辺には共通に、絶対的無関係へ、という方向づけがあると思われる。重要なのは、無関係性それ自体への奇妙なまでのこだわりが窺えることである。ブラシエの場合についても簡単に紹介しておこう。ブラシエの『ニヒル・アンバウンド』（二〇〇七年）は、脳の物理過程への心の絶対的な還元＝「消去主義」に賛成することから始めて、独特のニヒリズムを展開するものである。途中ではメイヤスーを論じる章も経て、ブラシエは、思考による対象化から絶対的に逃れる実在それ自体を、いっさいの思考の「絶滅」／存続する実在という対比において主題化する。[13] 思考なしの世界へと至ること。思考に絶対的に無関係な実在のみが残されるのである。

ブラシエは、フランソワ・ラリュエルが一九八〇年代に提起した「非哲学 non-philosophie」の影響を受けている。非哲学は、哲学総体を相手取る大プロジェクトであって、要約は難しいものだが、着想の根本的な点のみを述べておく。それは、徹底的に内在的である「一者」（ラリュエルにおける実在）が、哲学の外部にあるという着想である。[14] 哲学は、一者を分節化する様々な概念を案出し、世界全体に秩序を作り上げる。他方で、非哲学では、ただ一者の内在性に立脚し、哲学が一者に対して何をなすのかを考察するのである。ラリュエルは、論文「ヘルメスによる真理」（一九八七年）において、この対比を、解釈やコミュニケーションの問題として示している（そこでは非哲学という語は用いられていないが[15])。すなわち、哲学による終わらない解釈（ラリュエルも「終わらない」と書いている）やコミュニケーションから分離された、一者‐実在の「秘密」たる「真理」のポジションがある。そのような一者が「解釈不可能なもの l'Ininterprétable」と呼ばれる。本稿で言うところの解釈／無解釈的なものという対比は、ラカン的な不可能なもののさらに向こう側を考えるという構図から出発して得たものであり、ラリュエルの仕事からは独立しているが、その一者論は本稿の狙いに近いものだと考えられるだろう。

さて、SRにおける無関係性それ自体への奇妙なまでのこだわり、この点が、NMとのひとつの対立点にもなっている。たとえばベネットは、ハーマンやティモシー・モートンのOOOにおける「引きこもり」の絶対化を批判し、事物はそれぞれ別個であるにしても、それらは暫定的に「アジャンスマン」（ドゥルーズ&ガタリ）を成すのだという主張を対置する[16]。NMからは、簡単に言えば、分離と関係を併せて考慮する必要があるのだというふうにSRへの懸念が向けられる。しかし本稿では、SRが示すような絶対的無関係ないし分離——貧しさの極端化——の概念を、関係の概念に妥協させずに社会のただなかに組み入れるならどうか、と考えてみたいのである。

## 2　無解釈的なもの

相関主義批判によって、私たち＝人間と絶対的に無関係なもの、無解釈的なものの側に立つSRは、社会構築主義——をベースとする文化・批判理論——とは相容れないように思われるかもしれない。社会構築主義では、人間の様々に（とくに政治経済的に）偏った立場から事物がどのように規定されているのかを考察する。事物の本質主義的な規定が、実のところは特定の権力構造に強いられて硬化させられた規定であることを暴露し、事物の解釈を変えようとする。このように、人間の利害と事物との歴史的な絡み合いを問題とする社会構築主義は、相関主義の一形態であり、それゆえに、レヴィ・ブライアントの言葉を借りるならば、「相関主義を全面的に弾劾することには、正義と平等の名の下で苦労して達成されてきた解放の勝利の数十年を掘り崩してしまう危険性がある」[17]。

しかし、社会的構築の外部に立つことが、ただちに社会的構築に固有の実効性を否定することにはならない。ブライアントは、SRと社会構築主義を両立させようとし、社会的構築をもっぱら言説的と見なした上で、SRは、非言説的ないし非記号的な条件（地形や気候、資源の分布、テクノロジーの特性など）が権力をどのように編成するかという問題に注目させるものだ、と判断している。非言説的／言説的な領域を併せて考えようというわけである。しかしこれは、結局のところは、関係－解釈の外部がどのように関係－解釈に介入してくるかということであり、あくまでも関係－解釈指向的にSRを社会化しているのである。本稿ではむしろ反対に、社会をSR化するという方向での考察を試みようとしている。

OOOは、オブジェクトの絶対的な他者性、特異性（または単独性）の擁護によって、社会構築主義に対する剰余を認める立場である。このことが、社会構築主義によって批判されるところの本質主義に対抗することにもなる。すなわち、オブジェクトは、別個に異なるポテンシャルを無限に有しているがゆえに、一般的に言って、関係－解釈の束に還元されず（社会構築主義では説明できない特異性を認める）、ましてや、何らかの特権的な規定＝本質であるとされる規定の束に還元されることもない（このように本質主義が退けられる）。言い換えれば、そのオブジェクトがたんにそれであること——大まかには、固有名は確定記述には還元できないというクリプキの有名な主張と同じであると思われる——、たんにそれであるオブジェクトが複数別々にあること、OOOは徹底的に、たんなるこのことの強調に努めているように思われる。

メイヤスーの場合についてはどう考えられるだろうか。メイヤスーは、数学的に扱われるべき世界に立脚する唯物論を標榜するにしても、そこへ主観的な領野を全面的に還元するべきであるという主張はしていない。『有限性の後で』は一種の科学哲学なのであって、主観性の学にコミットするものではない。けれども強く読めば、それは一種の消去主義として読めるのかもしれず、ならば、究極的には人間の歴史のすべても数学的な無人の世界から説明されるべきなのかもしれない[18]。

そこで本稿では、次のように一種の弁証法を仮設してみたい——すなわち、社会的構築の領野を存続させながら、同時にそのただなかに消去的なモメントを導入するのである。これは、関係‐解釈のただなかで、無関係‐無解釈的なものの実効性を認めることに相当する。

このことは、秘密の、次のような二つの位置づけを問題にしている。第一に、秘密は、終わらない解釈のその焦点、解釈可能性の理念的な極限でありうる。こうした秘密は、解釈を増殖させる源泉のように機能している。解釈の増殖は、秘密の汲み取りとして秘密に関係する。最終的な解釈が定まることは決してないが、そのつどの局面での解釈が、一応の有効性を持つものとして仮固定される——また、その有効性を測る基準自体が一応のものとして仮固定され——、その状態の後に改めて他の解釈が試みられる、こうした繰り返しである。解釈の仮固定は、さらなる解釈を予定してなされる。

そして第二には、秘密を、いくらかの解釈を施すにしても、絶対に踏み込めない岩盤のようなものとして位置づける可能性がある。第一の位置づけに対して、この場合では、解釈を増殖させることが、秘密の汲み取りとして秘密に関係することにならない。そうした絶対的な秘密のあり方を認めるのである。

こうして二種の秘密が区別される。第一には、そこをめぐって解釈が増殖する〈穴‐秘密〉であり、第二には、解釈をそこで絶対的に諦めさせるものとしての〈石‐秘密〉である。石‐秘密に突き当たっての解釈の中断は、さらなる解釈を予定しての中断ではなく、真正の、絶対的な中断である。

石‐秘密は、いかなる解釈を施そうと無関係に、ただそこで自らに内在的に存在している、無解釈的なものである。穴‐秘密は、解釈を継続させる動因であり、これを〈解釈不可能なもの the uninterpretable〉と呼ぶことにしよう。問題は、解釈不可能なもの／無解釈的なものという区別である。無解釈的なものに対しては、思考停止で対峙する――この対峙は関係形成ではなく無関係的な対峙である――しかない。これを、解釈的に汲み尽くせないということと混同してはならない。

OOOについて、オブジェクトの秘密性を解釈不可能なもの＝解釈の動因（ないし超越論的な条件）という意味で捉えるのならば、OOOは、社会構築主義の継続の条件として機能するレヴィナス的な他者論を改めて強調しているだけになるだろう。人間の予想を裏切るしかたで気候変動や地震やテクノロジーなどが社会に影響を及ぼすことに注目するというのも、結局のところは、関係‐

解釈指向的な妥協案であるにすぎない。こうした読みでは、無解釈的なものが、社会構築主義に対して、いやもっと広く言って人文学に対して持ちうるある種の挑発性が、無難にオミットされてしまうはずである。

むしろ、問題は次のことである。他者の秘密が社会構築主義の継続の条件としてもはや機能しないモメント、そういうモメントにおける思考停止、これを積極的に人文学によって認めることである。それは、まったく解釈できない、理由づけられない＝たんに偶然的なもの、意味がないもの、つまり、解釈を本務とする限りでの人文学にできることがそこで尽き果てるモメントを、強いて、人文学のような言説で――実在論的な自然科学の側に人文学的な仕事を引き渡すのではなく――取り扱うことだ。ラリュエルの非哲学をもじって言うならば、こうして問われることになるのは、いわば〈非人文学 Non-Humanities〉であり、それと人文学との並立なのである。

## 3　複数性の非理由

非人文学の方へ、それは、飽くことなく解釈に解釈を重ねることを絶対的に中断することに他ならない。文を停止する。イメージをつなぐのもやめる。何かを〈置き換えること〉一般としての解釈がまったく無効になる。秘密を秘密としてどのように取り扱うかが問題になる。メイヤスーにおいて、数学は解釈ではない＝置き換えではない。数学的な思考は、実在への内在を可能にする。それは、数学による物への生成変化である。たとえばこうした〈事物化〉の言明が、人文学の圏域と、数学（や物理学など）の圏域との敷居においてなされる、非人文学的言明の例である。あるいは0

OOの場合では、複数的なオブジェクト——OOOでは共時的な複数性を問題にしている、これは、世界を単位とした通時的な変化を問題とするメイヤスーの関心事ではないようだ——にたんに向き合っている状態、それ以上でも以下でもない状態をひとまず提示するというのが、その非人文学的身ぶりであると言えるだろう。

メイヤスー的な世界もハーマン的なオブジェクトも、勝手にどうなるかわからないものである。物がどうなるかわからない、何をするかわからないということに不穏さを感じるだけに留めるしかない、なぜならどう解釈しても無駄なのだから、そもそも他者には解釈しても無駄な面が存在すること——絶対的無関係の他者性——を承認しているのだから、というのが、SRに特殊な態度なのではないか。

そしてまた、SRにおいて重要なのは、事物の何か一定の区切りがあらかじめ成立していることである——理由がないこの世界（メイヤスー）、あるいは、洗濯機なり水なりの既成の区別可能性（OOO）。区別されたそれが、どうなるかわからないのである。すなわちSRでは、何らかの「領土性」ないし「個体性」（ドゥルーズ&ガタリ）の通時的／共時的な切りとりの、たんなる引き受けが前提とされている。

他から区別されるこの世界がこうである理由は、メイヤスーによれば、皆無なのであった。絶対的無関係の肯定は、無を通過した変化を真正に認めることを含意する。OOOの側では、オブジェクトが他から区別されることが、根本的に理由なしである、非‐必然的＝偶然的である。OOOにおいてオブジェクトの区別可能性は、任意のものだと考えられているようである。ここは、有限性から絶対性へと移行するメイヤスーの議論を想起するべきところだ。すなわちメイヤスーは、世界が別様である可能性を、私たちの有限性ゆえに想定される余地として扱うのをやめて、世界の即自的な変化可能性へと絶対化したのだった。同様のことがOOOにも言える。つまり、オブジェクトの区別が必然的でないのは、私たちの有限性ゆえのことではない。区別ということがそもそも絶対的に偶然的であると考えるのである。区別の事実性を絶対化するということだ。オブジェクトは、根本的な理由なしで、他から区別されている。

　したがって、メイヤスーにおける、いつ何時、偶然的に新しい世界が生じるかわからないということが、OOOの側では、世界内における——あるいは、世界概念なしでの——様々なオブジェクト化＝何がオブジェクトとして切り出されるかの偶然性に対応する。世界が無を通過して区切り直されるのと同様に、オブジェクトは無を通過して区切り直される。ドゥルーズ&ガタリの用語で言い換えれば、オブジェクトの領土性は無を通過して脱領土化され、そして新たなオブジェクトが再領土化されるのである。またメイヤスーにおいては、この世界がこのままで存続しうることも偶然的である。これにちょうど対応して、オブジェクトの既成の区切りが維持され続けることもまた偶然的なのである。

　メイヤスーとハーマンを架橋することの妥当性はさらなる検討が必要であるにしても、仮説的に次のように言えるだろう——この世界が消滅すると同時に、ある新しい世界が生じるときの偶然性とまったく同じ偶然性で、世界内における物が、ある領土性で区切られ、区切り直される。世界内において、ひとつの物として区切られるということ、それは、あたかも、理由なき＝偶然的な世界の発生であるかのような出来事である。

繰り返そう、メイヤスーによれば、この世界がこうであることに根源的な理由はない(非理由律)。これにOOOの側で対応するのは、複数の事物が区別されて存在することに根源的な理由はない、ということであるだろう。これを〈複数性の非理由〉と呼んでおきたい。世界の事実性が絶対的であることに対応する形で、OOOでは、複数的にあれやこれやの個体性が成立してしまっているという事実性が絶対化されるのである。

根源的に理由なく複数的である、区切られてしまっているオブジェクトの秘密、そこに充満する不透明な力の不穏さにたんに対面している――こうした非人文学的なOOOの態度は、いわば〈思考停止による思考〉のひとつの形を示している。それは、メイヤスーにおける数学の位置に対応する、無解釈的な新たなオブジェクト化、すなわち、オブジェクトの脱領土化/再領土化である。[19] それは、新たにたんなる指示作用が起こることである。固有名性の更新が、いつ何時でも、何の理由もなく可能なのだ。

OOOの文体では、既成の名前の列挙によって、理由なき複数性を読者に意識させる工夫をしている。イアン・ボゴストは、ブリュノ・ラトゥールやハーマンらの、ことさらに異質なものを同列に並べてみせるレトリックを「ラトゥールの連禱」と呼び、ウィキペディアからランダムに事項名を取得して連禱を生成するプログラム Latour Litanizer をブログで公開している。[20] たとえば、こんなふうになる。

Dani López（サッカー選手）、Uniejów-Rędziny（ポーランドの村）、Usseau（フランスの地名）、Cardiff Queen Street 駅、Eucalantica pumila（コケの一種）、Bianna Golodryga（ニュースキャスター）、Marlin Stuart（野球選手）。

これらのオブジェクトがすでに成立していると仮に引き受けるにしても、その成立状態が続くことも、新たなオブジェクトの区切り直しが起こることもいずれにせよ偶然的である。注意しなければならないが、新たなオブジェクトが発見されるということは、解釈の一種なのではない。関係－構築に捕らえられることなく、新たにたんなる秘密の箇所が、新たな思考停止の機会として発見されるのである。

## 4　無倫理的並立

相関性・社会的構築の分析を続けるのと同時に、無解釈的なものに直面して立ち止まる。社会は二重に考察される——解釈的／無解釈的に、人文学で／非人文学で。

物が、どうなるかわからないという不穏さ。これは、他人や他人の集合についてもそうである。そのように認めることが、ＳＲ的な（絞って言えばＯＯＯ的な）社会観のひとつの可能性である——社会をＳＲ化するという読みとしての。すなわち、一方では、他人に対して解釈的な関わりがなされ続ける。社会構築主義的な分析は継続される。他人とは、レヴィナス的な意味で無限に解釈を引き起こし続ける解釈不可能なものである——と同時に、そうした解釈の継続とは無関係に、どうなるかわからない、何をするかわからない、勝手な力を潜ませた無解釈的な者・物である、そう認めるのである。私たち自身がそのような他人であり物である。

補助線を引こう。こうした人間の捉え方は、ドゥルーズ&ガタリに遡って敷衍することができる。ドゥルーズ&ガタリの『アンチ・オイディプス』における精神分析批判では、欲望を解釈せずに、とりわけ家族的関係の表象に置き換えずに、その「機械」としての作動を肯定せよという主張がなされていた。[21] こうした「欲望機械」論はつまり、欲望的に何かを行うことを、たんにそれ自体でそうしているだけだとして、根本的には、放置することに他ならない。これは、特異的な欲望がそのように欲望されることとの非理由化である（それが、いわゆる「強度的」であるということだ）。

精神分析批判を通してドゥルーズ&ガタリが提案する「分裂分析」という方法は、ある対象を求めることが、他の対象や動作とどのように無解釈的に並立しているかをたんに外在的に観察し・記述するだけのことであるだろう。欲望機械を観察し・記述するだけの作業こそは、しかし、意味づけ＝解釈よりもずっと困難で、注意深さを要求されることである。分裂分析では、解釈という〈複雑な単純化〉を遮断して、〈単純なことの複雑な並立〉にミクロな観察を行うよう促していると考えられる。

機械的＝無解釈的にそうしているだけというのは、何かをすることによって自己と他人との共同性にいかなる効果が生じるのかを先読みしての自己統御をしないということである。欲望機械は、たんに一方向的にその力を周囲へと放散するものだ。

ところで、小泉義之は『ドゥルーズと狂気』（二〇一四年）において、『アンチ・オイディプス』

は、精神医学や精神分析によって定義され、治療対象とされるスキゾフレニー（分裂病、統合失調症）を範例にして「欲望人」の解放を論じているが、それは本質的には、治療や福祉で丸め込むことの困難な種々雑多の「狂い」を問題にしているのだ、という読みを示している。要は、「治らない」逸脱性こそを考えている、ドゥルーズ＆ガタリはそれにこそ革命的な役割を与えている。小泉は、『アンチ・オイディプス』のなかに広義の概念「スキゾイド」が出現することを指摘しつつ、如上のように読みを押し拡げる。[22] さらに小泉は、殺人を犯す可能性の人類普遍的な遺伝を扱ったドゥルーズのゾラ論を経由し、反社会性・犯罪性に（スキゾイドよりも）強く結びつけられてきた「サイコパス」までをも射程に入れる。この視線は、精神医療改革の残滓、すなわち、治安技術の側へと渡される残滓に注目するものだ。一九六〇－七〇年代には、患者の意志を尊重する人権的な処遇が実現されていった一方で、「端的に言うなら、当時のリベラル・左翼は、触法精神障害については、いわば司法・警察・司法精神医学に丸投げしていた」という指摘がされている。[23]

　こうした分割統治の分割線を、本稿に引き寄せて言い換えてみる。厄介なのは、解釈的に馴致しうる範囲の者／その範囲を超えて勝手に行動してしまう者という分割である。あるいは、解釈的にどうにかなる者／無解釈的にどうなるかわからない者、である。解釈的＝人権的＝人文学的という等式が示唆されている――この等式の外部に向けて、言葉にならない言葉を与えなければならないのだ。一般的な欲望論として言えば、私たちの誰しもが、無解釈的な「欲望人」として一方向的に存在しているのだから。

（……）ドゥルーズは、われわれ人間＝動物は、愚劣・残酷・無気力・下劣・間抜けであるし、それを制度化しなければ生活していけないと見ているのです（……）。われわれ人間は、全員が、運命的に、例えばスキゾイドでありサイコパスなのです。ただし、ドゥルーズは、そのことを肯定も否定もしません。そうであることをよく見て、その現実を生み出している思考の水準を超越論的なもの（……）として思考せよ、と呼びかけているのです[24]。

私たちはいまや、SRと社会の一種の「弁証法的」交差を考えることができる。一方では、相関・社会的構築と無関係にどうなるかわからない物——自然法則のレベルで変化しうる世界、絶対的に秘密のオブジェクト——は、存在論的なスキゾイドないしサイコパスである。他方では、スキゾイドないしサイコパスとしての私たち各人は、極端に言えば、別個の石である。なるほど私たちは、解釈次第で変化する事情に取り組んでもいるが、同時に根底的に、決して介入できない互いの石‐秘密に直面し、唖然となることを繰り返している。ここにおいて石‐秘密は、人間の複数性そのものの謂である。それは、絶対的な無によって区別された複数性である。

　のみならず同時に、他人や物と新しいオブジェクトの領土性を成すことで、私たちは新たなる一個の石を作るのであり、新たなる石と石との向き合いにおいて、思考停止を更新するのである。解釈的な世界の運行から脱輪し、たんなる石となり、そして他の石と共に別の石を生成するかもしれないというその偶然性は、私がたまたまこの私としてここに区別されていることのその偶然性と厳密に言って同じものなのだ。ハイデガーの定式で言えば、石には世界が——解釈的な世界が、構築的な社会が――ないのだとしても、絶対的な偶然性で〈石は石を作る〉のである。人間は世界を作る、動物は世界が貧しい、石には世界がない、石は石を作る――こうして、両極に位置する人間と石は、無＝理由なしを通過することで、一種の弁証法を成すことになる。

　私たちおよび事物それぞれを、絶対的に頑冥なるスキゾイドないしサイコパスと見なすということは、絶対的な偶然性で成立する事物一般の複数性を認める、解釈による架橋を諦めてたんなる複数性を認めることである。これとは反対に、解釈＝置き換え（あるいはメディエーション）とは原理的に、一元論の幻想を抱かせるものだ。

　こうして、社会は二重に考察されることになる――穴－秘密をめぐって組織されるレイヤーと、石－秘密が散乱するレイヤーである。前者、構築された関係の解釈がなされるレイヤーに身を置くとしてみる。そこでなされるのは、因果性の分析であり、倫理学である。因果－関係は、どのように解釈されるかによって、より善／より悪の価値を発揮する。しかし、善悪はつねに混合されていると言わねばならない（善の装いの下で悪しき体制が構築されることもあるし、最悪の経験を最善の経験として解釈するような倒錯も可能である）。ここでは、因果－関係の分析にもとづく倫理的な問いが、決して終わらないものとして有効である。

　さて、このレイヤーから分離されたところで、絶対的な秘密がバラバラに存在している。それらは、因果性からも善悪からも絶対的に無関係化された物・者であり、究極的には無から生じたと言うしかないその特異的な力、すなわち、偶然的にそれであるところのそれに固有の力を、複数性の無意味の力、善でも悪でもない力を、それぞれ一方向的に放散しているのである。こうした石－秘密のレイヤーのリアリティを認めることが、すなわち、関係‐構築についての「消去的モメント」を社会のただなかにおいて認めるということである。

因果性と善悪が確かに作動している状況が、同時に、無因果的で無倫理的である面を持っている。そのように認めることである。ところで、そもそも私たちは、関係‐構築の解釈を無限に続けることはできない。時空的な制約があるからである。善悪の混合としての解釈は、いつか中断されるしかない。この中断は、二重の意義を帯びている。一方でそれは、終わらない解釈の再開のための中断として機能する――つまり、有限性ゆえの余地を残した形での中断である。他方でそれは、私たちの有限性を超えての真正なる中断でもありうる。すなわち、終わらない解釈を終わらせる中断、しかし最後の答え（必然性）を与えるのではなく、絶対的に事実的である何かを前にしての〈思考停止としての真理〉に直面することで解釈を終わらせる、そのような真正の中断でもありうるのだ。

おそらくは、この後者の面に、諦めや赦しの可能性が宿っている（この二つは不可分であると私は考える）。そこに、無因果性と無倫理性が出現する。諦めや赦しは、解釈を続けながら同時に、無因果性と無倫理性のリアリティを（しぶしぶでも）認めるのでなければ、不可能ではないだろうか。

OOOが、そしてまた分裂分析が記述するのは、善でも悪でもない力の一方向的な交錯、非相互的な交錯である。これは、解釈の側にとっては、法外に暴力的な状況として映るはずである。力一般について、悪しき意味でそれは「暴力」であるという価値づけがなされるのは、ひとえに解釈の側においてのみであり、悪との出会いは根本的には、無解釈的なものが解釈の圏域に衝突するときに起こる。複数性こそは根源悪なのである。

私たち＝人間は、解釈性を決して放棄できないから（おそらくそうだ）、無解釈的なものの主題化――つまり、非人文学――がつねに悪しき暴力性を感じさせることはやむをえないことである。もし純然たる無解釈的状況を仮想するならば、それは、互いに何をされても善くも悪くもない、互いに何をされているのかまったく不明な、〈無倫理的並立〉であるだろう。そうだとしてもそこでは、多様な出来事が異質に経験されている、複数的で異質な思考停止が経験されているのである。

（1）ここでは、以上のように欠如的な規定で「物」という語を使うことにする。人間や動物に比して、いかなる欠如が本質的であるかの厳密な考察は措くとする。
（2）次の論文では、ダナ・ハラウェイが『犬と人が出会うとき』で犬について語ることはそのまま自転車について「同等の配慮と関心、愛でもって」言えるという指摘から始めて、「オブジェクト指向存在論」――本稿で後に扱う――における物への愛とエロティシズムの様態を考察している。Marcel O'Gorman, "Speculative Realism in Chains: A Love Story," *Angelaki* 18-1, 2013.
（3）cf. マルティン・ハイデガー『形而上学の根本諸概念　世界－有限性－孤独』川原栄峰／セヴェリン・ミュラー訳、創文社、一九九八年。
（4）東は、間主観的な欲望ではなく、「単純かつ即物的」な「薬物依存」のような消費行動が強まっていると説明する。「（……）オタクたちの行動原理は、あえて連想を働かせれば、冷静な判断力に基づく知的な鑑賞者（意識的な人間）とも、フェティッシュに耽溺する性的な主体（無意識的な人間）とも異なり、もっと単純かつ即物的に、薬物依存者の行動原理に近いようにも思われる。あるキャラクター・デザインやある声優の声に出会って以来、脳の結線が変わってしまったかのように同じ絵や声が頭のなかで回り続け、あたかも取り憑かれたかのようだ、というのは、少なからぬオタクたちが実感を込めて語る話である。それは趣味よりも薬物依存に似ている」（東浩紀『動物化するポストモダン――オタクから見た日本社会』講談社現代新書、二〇〇一年、一二九頁）。

（5）Ray Brassier, Iain Hamilton Grant, Graham Harman, Quentin Meillassoux. "Speculative Realism," *Collapse* III, 2007. 思弁的実在論という名称はブラシエの発案によるものである。しかしブラシエは後に、過熱した状況に対して距離を置くようになった。

（6）とくにベネットの次の著作が広く読まれている。Jane Bennett, *Vibrant Matter: A Political Ecology of Things*, Duke University Press, 2010.

（7）The Nonhuman Turn Conference, Center for 21st Century Studies at University of Wisconsin-Milwaukee, May 3-5, 2012. これにもとづく論集、*The Nonhuman Turn*, ed. Richard Grusin, University of Minnesota Press, 2015.

（8）Quentin Meillassoux, *Après la finitude. Essai sur la nécessité de la contingence*, Seuil, 2011, p. 18.（カンタン・メイヤスー『有限性の後で――偶然性の必然性についての試論』千葉雅也・大橋完太郎・星野太訳、人文書院、二〇一六年、一五－一六頁。）

（9）Graham Harman, *Guerrilla Metaphysics: Phenomenology and the Carpentry of Things*, Open Court, 2005, p. 20.

（10）*Ibid.*, p. 1.

（11）この任意の列挙は、次の箇所にある。Graham Harman, *The Quadruple Object*, Zero Books, 2011, p. 110.（グレアム・ハーマン『四方対象』岡嶋隆佑監訳、山下智弘・鈴木優花・石井雅巳訳、人文書院、二〇一七年、一七四頁。）

（12）Harman, *Guerrilla Metaphysics*, p. 95.

（13）Ray Brassier, *Nihil Unbound: Enlightment and Extiction*, Palgrabe Macmillan, 2007.

（14）cf. François Laruelle, *Principes de la non-philosophie*, PUF, 1996.

（15）François Laruelle, « La vérité selon Hermès. Théorèmes sur le secret et la communication », *Analecta*

*Husserliana* 22, 1987.（フランソワ・ラリュエル「ヘルメスによる真理――秘密と伝達についての諸定理」小倉拓也訳、『現代思想』第四四巻一号、二〇一六年。）

（16）Jane Bennett, "Systems and Things," in *The Nonhuman Turn*.

（17）Levi R. Bryant, "Politics and Speculative Realism," *Speculations* IV, 2013, p. 17. 類似した懸念は、次でも示されている。Alexander R. Galloway, *Les nouveaux réalistes*, trad. Clémentine Duzer et Thomas Duzer, Léo Scheer, 2012, p. 111.「相関主義を乗り越えるというのならば放棄されるものを想起してみよう。もちろん現象学を放棄せねばならないし、また、現象学の方法論に基礎を持っている社会構築主義やそのほか色々な領域を棄却せねばならない。すなわち、第二波・第三波フェミニズムの大部分、人種に関する批判理論、アイデンティティ・ポリティクスのプロジェクト、ポストモダンの諸理論、多くのカルチュラル・スタディーズである」。また、SRを強く社会構築主義批判として捉える可能性については、小泉義之・千葉雅也「ドゥルーズを忘れることは可能か――二〇年めの問い」、『ドゥルーズ――没後二〇年　新たなる転回』河出書房新社、二〇一五年、一七頁以下。

（18）スティーヴン・シャヴィロは、メイヤスーとブラシエを共に消去主義的傾向に属すると見なしている。cf. スティーヴン・シャヴィロ『モノたちの宇宙――思弁的実在論とは何か』上野俊哉訳、河出書房新社、二〇一六年。

（19）オブジェクト化＝オブジェクトの領土化／脱領土化／再領土化を考えるにあたっては、小泉義之氏とのOOOに関する会話から示唆を得ている。ここに氏への謝意を表する。

（20）Ian Bogost, "Latour Litanizer," http://bogost.com/writing/blog/latour_litanizer/（最終確認：二〇一八年五月五日）

（21）ジル・ドゥルーズ＆フェリックス・ガタリ『アンチ・オイディプス』宇野邦一訳、上下巻、河出文庫、二〇〇六年。

（22）小泉は、精神分析家のフェアベーンから引用し、スキゾイドの具体例として、「狂信家、煽動家、犯罪者、革命家、およびその他さまざまの破壊分子」を、また「あまり目立たないかたち」での「インテリ」におけるその傾向を挙げている。小泉義之『ドゥルーズと狂気』河出ブックス、二〇一四年、二六〇頁。cf. W・R・D・フェアベーン『人格の精神分析学的研究』山口泰司訳、文化書房博文社、一九九二年。

(23) 小泉義之『ドゥルーズと狂気』、二七〇頁。

(24) 同前、三二三頁。

# アンチ・エビデンス——九〇年代的ストリートの終焉と柑橘系の匂い

本稿は、ストリート・カルチャーの諸々の要素が、原因や責任を問われうる証拠＝エビデンスを十分残さないでたちまちに変質し霧散していくという、そうした刹那性を、今日の文化状況に抗する形で改めて肯定しようとするものである。二〇一〇年代の日本は、生のあらゆる面において、いわば「エビデンシャリズム」（エビデンス主義）が進展している時代ではないだろうか。

## 1　エビデンシャリズム批判

本稿では、エビデンス（カタカナで言われる広い意味での証拠・証憑、質的であるより量的なものを望む傾向がある）を残し続けなければならない、エビデンスを挙げていわゆる「説明責任」（アカウンタビリティ）を果たせるようつねに準備しておかねばならない——この説明責任という観念はしばしばひどく形骸化している——、という強迫的な「正しさ」の緊張感を増大させることを「エビデンシャリズム」と名づける。（1）この用語は、健全な議論にはエビデンスが必要だという「実証主義」とは区別されるべき、たんに手続きにこだわる強迫的な態度であり、些末で自明と思われる事柄についても、データや文書といった原則として有形なエビデンスを要求する、という過剰さを意味するものと理解されたい。多くの場合、エビデンスは、まったく同一の形で伝達可能なものであることが求められる。つまり、揺れのある証言や解釈など、想像の可塑性に依拠せざるをえないものは棄却されがちである。エビデンシャリズムには、互いの想像を信じ合う者としての、あるいは裏切り合うかもしれない人間を不在にしたい、という欲望すら含まれているように思われる。

さらに、（2）この用語は、日々インターネットのサービスを使用するなかで、そこかしこのサーバーにエビデンスとなりうる痕跡を残してしまう状況、その避けがたさ、またそれを政治的批判なりビジネスなり福祉なりに活用しようとする善意と悪意の混合を指すものでもある。（2）という技術史的に新しい状況が（1）の時代精神に交差することで、際限なく機械的な「あら探し」のゲームが、暇つぶしのマインスイーパーのように可能となっている。エビデンシャリズムは、「実質的に」――とはどういうことか？――重要であると見なされるべきことをそうではないだろうことから峻別するという根源的に不確かであるしかない判断を、まるで「不潔」なものとして軽蔑しているかのようである。

エビデンシャリズムは現代社会を窒息させている。

企業で、行政で、大学で。社会のいたるところで「責任の明確化」という一見したところ批判しにくい名目の下、根源的に不確かであるしかない判断に「耐える」という苦痛を、厄介払いしようとしているのである。

それはおそらく、「非定型的」な判断（ケース・バイ・ケースの判断）に伴わざるをえない個人の責任を回避したいからだ。機械的、事務的処理を行き渡らせることで、非定型的な判断を限りなく排除していけば、根源的に不確かに判断するしかない「いい加減」な、それゆえに「不潔」な個人として生きなくても済むようになる。これは、反‐判断である。全員がエビデンスの配達人としてリレーを続けさえすればよい。こうしたエビデンシャリズムの蔓延は一種の責任回避の現象に他ならない。そしてそれが示唆するのは、個人が個として否定性に向き合わずに済ませたいという欲望の肥大化ではないだろうか。

問題となる否定性は、痕跡の「不確かさ」であり「変形」であり、また「消滅してしまうこと」である……等々と換言できるだろう。こうした否定性に共通すると目される概念は、「偶然性」である。

他の可能性を絶対的に押しのける最善の判断などありえない。人間の判断は、根源的に「偶然性」に関わっている。いかなる判断であれ、もっと多様にありえた考慮を偶然的に切り捨てて「しまった」結果であるしかない。何かが「実質的に」重要だという判断が、唯一、排他的に真であるわけがない。こうした判断の偶然性をあたかも無化して（エビデンスにもとづいて）判断できるかのような幻想が、今日において「安心」や「安全」という幻想を条件づけている。

逆説的に聞こえるかもしれないが、次のように言うべきなのだ。何かを「ある程度」の判断によって、大したことではないと受け流す、適当に略して対応する、ついには忘却していく……このような、「どうでもよさ」、「どうでもいい性」の引き受けは、裏切りの可能性を受忍しつつそれでも他者を信じることと不可分なのであり、そしてそれは、エビデンスの収集によって説明責任を処理することよりもはるかに重く、個として「実質的に」責任を担うことに他ならないのだ、と。

どうでもよさは、説明責任よりもはるかに真摯である。

誤解を避けるために補足する。この問題提起は、エビデンスによる科学的な議論・批判の重要性を減じるものではない。現下の、強迫的な、あるいは、たんに事務処理的であると言えるだろうエビデンシャリズムが前景化している状況においては、意識的・方法的に「ある程度の」どうでもよさの権利擁護をすることが必要なのだ、ということである[1]。

どうでもよさの「ある程度」は、根源的には偶然性によって強制終了される判断――その「ある程度」――によって調整されるしかない。

いわゆる「反知性主義」において、恣意的にエビデンスを無視したり、恣意的にエビデンスめいたものを喧伝することがあるとして、本稿はその手の「行動力」を支持するものではない。反知性主義が批判されるべきであるとすればそれは、反知性主義が、どうでもよさの「ある程度」の設定、また、いくらかのエビデンスの設定を、何らかの不当な利益確保のために行っているからである。

整理しよう。（1）エビデンシャリズムの過剰化に抵抗するという意味で、どうでもよさを擁護する。かつ、（2）どうでもよさを擁護するにしても、ただ恣意的にどうでもよいのではなく、どうでもよさの「ある程度」を判断しなければならない。これは、裏返して言えば、何にどういうエビデンスを要求するのかを一律に形骸的に細かくするのではなく、その「ある程度」をケース・バイ・ケースで判断することがあってよいという権利を確保することである。

しかしながら、次の付言もしておかねばならないだろう。エビデンシャリズムとしての理性を全面化させ、ついに、どうでもよさから局所的な反知性主義が生じうる可能性すら徹底的に除去するに至った社会は、反知性主義が全面化した社会に対してシンメトリカルに位置する、もうひとつの最悪の社会ではあるまいか、と。

生のあらゆる面がますます形骸的なエビデンシャリズムに拘束されつつあるという今日の文化状況に風穴を開けるのは、まず、前提としては、(a)たちまちに変質し霧散していくこと「も」肯定するという一種の「存在への態度」であり、また、(b)そうした否定性・偶然性を受諾した「ある程度」での判断の責任を、運命的に個人として引き受けることである。

本稿は、ここまでの第一節でいったん幕を閉じるものとし(以上は独立した問題提起として扱われうる)、次節からは、パフォーマティブなテクストとして、たちまちに変質し霧散していくもの、エビデンスを与えることが容易ではないものに導かれながら、想起、装い、書くことについて考察する。

## 2 霧散するものへ

二〇一四年の末、梅田のドン・キホーテで**シャンプーか何か**を買うついでに香水のコーナーに寄り、カルバン・クラインの ck one を見つけて、久しぶりにその特徴を確かめていた。この「シケワン」は一九九〇年代に一世を風靡した香水である。**いま手に入るそれが、発売当初とまったく同一の成分かはわからない**。が、ともかくもそれは、無色半透明の平たいガラス瓶に灰色の文字でロゴを載せているあのシケワンであり、その匂いは、僕が初めて香水というものを意識したときのあの匂いに**他ならないと思われた**。

柑橘系の甘酸っぱくハイトーンな匂いを男女ともに身につけるという流行りは、九四年に発売のシケワンを嚆矢とする。**おそらくそうだった**（二〇〇〇年代に入り、似た傾向は、ブルガリのものやドルチェ&ガッバーナのLight Blueに受け継がれる）。九〇年代を通して「カルクラ」は、日本の男性身体に甚大な影響を与えたように思われる。シケワンに始まる「ユニセックス香水」のブームもそうだし、カルクラが先導した「ボクサーブリーフ」の爆発的普及は、ぶかぶかのトランクスを過去の遺物にした**かのようだった**。

当時の僕は、シケワンから少しズレた選択で個性を表そうとし、同じシリーズのもうひとつ、黒い瓶のck beを買った。**確かムスク系の**。大学生になった**九七年かその翌年か**、渋谷の西武で買った。あれから二十年近く経ち、東京から遠く離れた街で、oneとbeの差異をふたたび嗅ぎ分けている。**確かにこういう差異だったと思う**。違うけれど似てもいる、同じシリーズの二種。この差異に**何か**を託すことが、二十歳を目前にした自意識の選択だった。二十歳を目前にしたその自意識が、**きっとほとんど同一**の化学的産物として、いまでも存在している。たんに物理的に。僕の加齢と関係なく、存在していたのだ。中年期に入ったいまの僕に、改めてその物質を振りかけることもできる。

＊

柑橘系の香水が、まるで呼吸の媒質として漂うかのような時代があった。

柑橘系の香水、ユニセックス香水としての。ジェンダー・セクシュアリティの不確実さ、身体の在りか、身体性……等々は、九〇年代末の人文学が好んで語ったテーマである。身体の自明性が揺らぎ、身体「性」という抽象概念の解釈が溢れかえっていた。身体のアンチ・エビデンスが時代の問いであった。そう思い出される。揺らぐ。自信なくトランスする。後ろめたく。薄暗く。

急に読者を拡げつつあった「やおい」にしても、薄暗い自嘲性はいまのBLよりもっとひねくれていた。また、九〇年代末のLGBTの不安は、ずっと強いものだった。ダムタイプが『S/N』を初演したのはシケワンの登場と同じく九四年で、翌年に中心人物の古橋悌二はAIDSにより死去した。HIVの増殖を抑える決定打としてプロテアーゼ阻害剤が最初にアメリカで認可されたのはその九五年であり、九六年以後は、複数の薬剤を併用する「カクテル療法」が成立し、HIV感染者の長期生存が可能になる。そうだとしても、偶発的な死の不安はすぐには払拭されなかった、僕の見知った範囲では。

柑橘系の匂い、あれは、ジェンダーの分割をうやむやにする、生殖的ではなく誘惑的な、フェロモンならざるフェロモンである。ないしは、自分自身において微かに律動する自己触発の匂い。自分自身と違うけれども似ている者、自分から剝離する分身の可能性の匂いである。分身から分身へ、移ろって霧散していく記憶をたどっている。噴射してしばらく経つうちに、シケワンの匂いは酸味を失っていき、毛布の体臭のような柔らかいラスト・ノートに変わる。

## 3　コーディネートの不安

DCブランドを好む家庭で育った僕は、団塊の世代に続く「シラケ世代」の両親から自分の身体を――性的な存在として――独立させるために、九〇年代末、まずは若いデザイナーの実験に惹かれ、その上で遅まきながら『men's egg』の流れに近づき、ギャル男「のよう」に装う時期へ向かった。その界隈のサークル活動には参加しておらず、何をどう身につけるのかは、雑誌と断片的な観察から知るしかなかった。ゼロ年代を通し、渋谷センター街の「プリクラのメッカ」周辺で、雑誌に捕捉されていない事象を探していた。細かな逸脱は、消え去っていく途中で「目撃」せねばならない[2]――雑誌のスナップは、たいていアメカジの変種に収まる、整えられたものであり、対して現場においては、より「ヤンキー的」なディテール、オーバー・サイズのスウェットのだらしなさの「ある程度」の演出や、奇妙な重ね着の工夫などが豊かに観察された。

他方で、新宿のゲイ・コミュニティでも――渋谷の側といかなる関係があったのか、エビデンスを求めるのは難しいが――ギャル男は増殖しており、その渦中に足を運んだ。たとえば、歌舞伎町のクラブCODEで開かれていたイベントFRIENDSでは、襟足の長い茶髪で、濃くタンニングし、蛍光色のTシャツを肌に張りつけた者たちはそれなりに存在感を示していた[3]。また「画像掲示板」には連日、ギャル男的な風貌で、出会いを求める投稿が見られた。

ゼロ年代のストリート・ファッションでは、様々な「〜系」が分立し、それぞれに特化した雑誌が「読者モデル」で賑わい、しだいに、特化した安価なブランドが濫造されるようになり、シーンの動きはそれらのマーケティングと一蓮托生で形骸的になっていった。振り返るならば、ゼロ年代の状況は、九〇年代に活性化した自由な「コーディネート」の結果である。九〇年代に画期を認める渡辺明日香によれば、八九年に始まる渋カジを契機として、九〇年代には「単品のカジュアルなアイテムを着回すコーディネートが若者ファッションの根底となり、現在も続く流れとなっている」[4]。八〇年代までの、全身をそれによって統一させる他律の中心――デザイナーのコレクション、ブランドの高級性、また「～族」と呼ばれた集団性など[5]――は不可逆に弱体化した、そう言えるだろう。九〇年代にファッションは断片化されていった。同一平面上で並べ変えるカードゲームになっていった。過去の流行から一部をサンプリングし、変形し、コーディネートの「まとまり」の認知を更新するという過程はファッション史において普遍的であるが、九〇年代末には、そのこと自体への意識（メタ意識）を強めて――世紀末の「あらゆる可能性は出尽くした」という倦怠感と共に――コーディネートの実験がなされたように思われる。

コーディネートとは、不安な操作である。どんなにシンプルな流行においても不安の余地は消えないはずだ。このシャツにこの靴でいいのか、パンツの腰の位置はこれでいいのか、この靴の汚さはむしろ好ましい範囲に入るのか……といった悩みは、その「ある程度」の妥当性を信じてやりすごすしかない。

要は、人目を気にしているわけで、気にしているその人目が属する文脈に合わせればいいのだとしても、まったく同一の格好をするのは例外的であり、多少は違う選択をせざるをえない以上、その違いが許容される「ある程度」なのかという不安は避けがたく生じる。ましてや、既存の価値観にぶつかる新しいコーディネートを自分なりによしとするのは、あまりに危険な冒険だ。

コーディネートの冒険が頻発する時代があるとして、そのための条件は、コーディネートの不安を快楽に転じることであるだろう。不安＝快楽。違和感を納得に置き換える。これは一種のマゾヒズムである。コーディネートのマゾヒズム、あるいは弁証法。それが九〇年代からしばらくは活発であったように思われる。けれどもその後、定住できる「〜系」や「クラスタ」が明確に、エビデントになり、安心という幻想が増大し、不安を「あえて」快楽に転じるモチベーションは弱まり、コーディネートの不安はたんに迷惑なものになっていったのではないか。安価にそれらしい一揃いを買わせるビジネス——ギャル男の場合は、渋谷109-②、後の109MEN'Sの成立——によってコーディネートの不安は骨抜きにされ、そのビジネスも形骸化したことで、九〇年代の延長上としてのゼロ年代ストリート・ファッションは終焉した。コーディネートのマゾヒズム、弁証法は、安心の優位によって抑圧されていった。

九〇年代がコーディネートの自由化という点で画期的であったとすれば、その自由は、（i）もはや何でも並列化の時代であり、だからこそ（ii）どうしたらいいか決定打がなく、しかしまだ（iii）決定的な未知がありうるのかもしれない、という三重の否定性を含んでいたように思われる。九〇年代のコーディネートは、こうした否定性の陰を帯びた断片を寄せ集め、「レイヤード」を構築した。いわば、それは「様々なる否定性のコーディネート」であった。

ゼロ年代後半、身体のほとんどをそれでカバーしても許容されるようになったファスト・ファッションは、様々なる否定性をコーディネートする苦痛を解消してくれるサービスであり、メンタル・ケアの一環である。ファスト・ファッションは、私服のビジネス・スーツ化であり、それは文言を整えられた事務書類で身を護ることであり、それを提示していさえすれば後ろめたくはない。

二〇一〇年代に109MEN'Sは、似たようなというか、ほとんど同一のアイテムを呼び込みの声で売りつけようとする、観光地のおみやげ屋の並びのごとくになっていった。あるいは、似たり寄ったりのキャバクラの看板や、出会い系のスパムメールのようになっていった。こうした状況に対し、九〇年代的ストリートの観点から批判を向けるのは容易である。しかし、僕は一抹の迷いを——不安を——感じる。この状況は、弁証法が弛緩した末路として批判されうるにしても、徹底した形骸化に身を沿わせることこそ否定性の徹底であるという解釈もまた可能だろうからだ。似たり寄ったりの安価なアイテムに積極的に身を滑り込ませ、自分をスパムメール化する……こんな酔狂を「あえて」倒錯的な快楽（否定性から転化された快楽）にできるのだとすれば、その態度は紛うことなく九〇年代的なものの延命に他なるまい。まったく「素で」身体をスパムメールのようにして平気であることと、「あえて」そうすることのあいだには、欲望の構造を分かつ決定的な切断線が走っているはずである。

## 4　九〇年代の弁証法

九〇年代後半のストリートでは、象徴的な街（路）にいながらも同時に、そこから解離している、別のレイヤーにいるような状態が、当時は情報通信技術の過渡期（ポケットベル、ＰＨＳと携帯電話の混在、Google以前のインターネット）であったがために、まだ不十分にしか実現されていなかった。未完成の解離状態を生きていた。

街の溜まり場も、インターネットのチャットや掲示板も、そこで「やらかす」にしても程度によっては水に流される、そう信じられる領域だった。リツイートやシェア——による連帯と炎上——

以前の状況である。情報通信技術の過渡期におけるリアル／ヴァーチャルの断片的で不安定な「レイヤード」構造は、まさしくあの「手紙は宛先に届かないことがつねにありうる」という、東浩紀が一九九八年の『存在論的、郵便的』で論じたデリダのテーマを生々しく読むにふさわしい環境だった。つまり、メッセージが——自分から滲み出し漂っていく分身としてのメッセージが、意図せざる経由地を転々としたあげくどこかで行方不明になるだろうと、いくらか誤解を経たあげく水に流されてしまうだろうと、そう信じられていた、おそらく。アイロニカルな放言も、煙草の煙も、香水の霧も、分身として辺りに漂い出し、そして永久に行方不明になるだろうと、そう信じられていた。煙草の煙が「誤配」された先で、副流煙による発がん率の上昇を健康保険なり生命保険なりの計算に入れて抗議するようなエビデンシャリズムは、まだ優勢ではなかったのである。

九〇年代後半のストリートは、テレビと雑誌と固定電話の時代であったそれ以前と、Google およびソーシャル・メディアの全面化へ向かうそれ以後から技術史的に区別される中間である。僕も含まれる「ポスト団塊ジュニア世代」はそこにおいて、仮でしかない複数の、違うけれども似ている欲望の対象を渡り歩いていた。浮動するそれらの断片的な否定性を快楽として味わおうとした。マゾヒズムとして。

断片から断片へ。繰り返される「あるいは」の、小さな否定性。

複数の「あるいは」——都市のそこかしこ、また、人目につきすぎないでいることが可能だとまだ信じられていた初期のウェブのそこかしこ。そうした小さなアジールは、ゼロ年代の後半に消えていった。断片的な否定性という快楽の契機は、ほとんど解消されたように思われる。Google の検索結果を安心して知識の根拠にし、ソーシャル・メディアで同一のアカウントに定住し続ける。同一のアカウントで無料の通話もできる。こうした技術的変化によって政治に介入することができるようにもなった。ヴァーチャル・リアリティは有用なものになった。そして、ヴァーチャルやサイバーという語に託されていた曖昧な快楽、エロティシズムは、決定的に蒸発してしまったかのようである。僕はここで、もはや記憶が曖昧な、かつてのあのエロティシズムとは何だったのかと問い直しているのだ。エビデンスの事務室と化したインターネットに、柑橘系の匂いが漂うことはもはやない。ゼロ年代の半ばまで、シケワンのような柑橘系の匂いは、僕にとってはインターネットの匂いでもあった。

僕の思考は、いまもなお、九〇年代に身体をどう生きたかによって規定されている。僕は、否応なく九〇年代の亡霊であり続けている。

『動きすぎてはいけない』も『別のしかたで』も、断片と仮固定をめぐる考察である。それは、九〇年代的ストリートの亡霊を、分析的な言葉で鎮めようとする、そうしてかえって古傷をざわめかせる挙措なのだろうか。サンプリングされた過去の断片を、寄せ集め、重ね、ズラし、仮固定から仮固定へ移ろうということ。東の『動物化するポストモダン』に倣い、ポストモダンを「組み合わせ」の時代であるとするならば、それはまたコーディネートの時代とも言い換えられる。[6] あるいはカクテルの時代とも。九〇年代からゼロ年代初めにかけての様々なる否定性のコーディネートは、もはやサンプリングでよいという居直り――ポストモダンの居直り――と、なおも残存していた「大文字の」すなわち「決定的な」新しさの希求――疲弊したモダニズム――とが、互いに足を引っ張り合うさなかで、過渡的に起きていた現象ではないだろうか。

ゼロ年代が進むにつれ、データベースにもとづく組み合わせのシャッフルをそれで必要十分にクリエーションであると認めてしまうことをめぐる不安は薄れていった。つまり、そうしたクリエーションは新しさとして小文字でしかない、というモダニスト的な否定性はなくなっていったように思われる。逆に、九〇年代末のあれら不安に揺らぐストリートの者たちは——おそらくはギャル(男)も含めて——、なおも余分にモダニストであった。

## 5 ポスト・ギャル男

二〇一五年三月末の午前十一時、僕は円山町の坂を下り、Bunkamuraの脇をドン・キホーテの方へ歩き出す。薄曇りで暖かい。H&Mの口紅のようなネオンが視界に入ってくる。BOOK 1st.があった。巨大な仏像があるという居酒屋もあったはずだ。あれもなくなったのだろうか。そのことは確かめていない。

ギャル男の最後の輝き、というかギャル「汚」たることを輝きに転化できた最後の時期は二〇〇六、七年頃であった、というのは僕の「ある程度」の判断である[7](次頁、図1)。二〇一〇年前後に『men's egg』のスタイルは、もはや「ギャル」男と、あるいはギャル「汚」と言う必然性があるとは思えないもの、つまり、ジェンダー・イメージの攪乱もほとんど感じられなければ、多少は不良的にセクシーかもしれないにせよ小綺麗でしかない、凡百の「男子」のスタイルになってしまった

図1　『men's egg』2007年10月号、大洋図書

（普及版ギャル男としての「お兄系」の末路であるとも言える）。ブリーチした長い髪をスプレーで「盛る」文化は、いまでもホストには残っているが、ストリートでそれを見ることはもうできない。ミディアムの基準も以前よりかなり短くなった。元ギャル男は、短髪に転向した者が多い（加齢すると髪が薄くなるからというのも大きな要因だろう）。二十年前の、プロト・ギャル男としてのサーフ系のセミロン（セミロング）は、いまではありえない長さである。

二〇一三年の秋、『men's egg』はついに休刊したが、続いてその編集部は、より年齢層の高い、短髪で「いかつい」イメージを軸とする『BITTER』を担当している（図2）。このことからしても、ポスト・ギャル男の傾向としては、まず「短髪化」が注目されるし、力点は「男らしさ」（と素朴に言おう）に移っているようだ。サイドを鋭く刈り上げ、ツー・ブロック的にすることもある現代の短髪は、あの「ヤマンバ」の分身としての旧ギャル男のトランスジェンダー性——それは、九〇年代的なジェンダーの揺らぎを受けての現象と言えるだろう二〇〇三年頃の「センターＧＵＹ」（極端に焼いた肌に文様状のメイク、ハイブリーチをしてバサバサに立てた長髪、女性ものの服をミックスし、キャラクター・グッズの類をぶらさげる、など）において極まっていた――に対する反動のように思われる。揺らぎや不安をリソースにした「レイヤード」な実存の気配は薄れている。

　以上のことは芸能界におけるイケメン像の変化にも対応する。すなわち、これまで支配的であったジャニーズやジュノン的な「かっこかわいい」には女顔の様相があったのに対して、とりわけ、ゼロ年代後半に圧倒的に勢力を強めていったEXILE（および二〇一〇年に結成された三代目J Soul Brothers）の精悍な、ゴツゴツした質感のアピールはストレート性に偏っており、それは、ジェンダーをめぐる捻れはもう時代遅れだと宣告しているかのようでもある。九〇年代的な揺らぎの身体論などもう時代遅れだ、と。

　ところで、異性愛者男性の短髪化には、ゲイのなかのマジョリティと

図２　『BITTER』2015年４月号、大洋図書

図3　『Men's SPIDER』2015年3月号、リイド社

の類似を認めることもできるだろう。長らくゲイにおいて本流とされてきたのは短髪で、長髪は異端視されてきた。異性愛者男性における男らしさの単純化は、「いかにも」なゲイに似ることになっている[8]。九〇年代後半からギャル男の全盛期に至る時代とは、男性の外見のトランスジェンダー性が「ある程度」支持された時代だった。モード系の方面には、ボーイッシュな女性と共振する男性イメージもあった。しかし二十年の時を経て、男性のトランスジェンダー性は（短髪化に押されて）マイナー化し、それは今日では『Men's SPIDER』などヴィジュアル系の周辺においてマニエリスム的と言えるような進化——極端な化粧やピアシング、トランスジェンダー的でも「亜人間」的でもあるイメージ、オタク文化との混交——を遂げている（図3）。一〇年代のメジャーな男性イメージは保守的なものとなり、他方でごく一部には、揺らぐ身体をめぐる不安の享楽に執着する者たちがいるという状況なのだろうか。

近年、かつてのヤマンバをさらに過剰にして復権させた「黒ギャル」のサークルBlack Diamondは、組織的にツイッターで宣伝し、海外でのメディア出演のためにクラウド・ファンディングで資金を集めたり、知名度を上げた結果、渋谷に「ガングロカフェ」を開設するなど（二〇一八年七月に営業終了）、グローバリズムに乗った活躍を見せていた。一方、ギャル「男」をそうしたしたたかさで復権する動きは、寡聞にして知らない。ギャル男はギャルの後追いだったわけで、いまでも前衛は、彼女らの分離派的勇気に懸かっている。

こうしたすべてはグローバリズムに関係している。黒ギャルは、以前から現代日本のひとつの記号としてギャルが言及されてきたことに意識的に乗っかっている。他方、ポスト・ギャル男の短髪化は、グローバルに共通のわかりやすい男性イメージが日本で改めて共有されているという現象なのだろう。一〇年代の短髪男性は、保守的な日本男児というよりも、「東アジア人男性」というトランス・ナショナルな性格を強めているように思われる。また、海外に広くファンを持つヴィジュアル系がJ－POPのグローバル化にとって重要なジャンルであることは周知の通りだ。こうした状況から言えば、かつてのギャル男は、ひたすらにたんなるドメスティックな現象でしかなかったと言わざるをえない。

以上を書きながら僕は、二〇一三年に台北での国際カンファレンスに参加した際、受付の女性が、旧ギャル男的な僕の髪を指差して「Very Japanese!」と言ったのを思い出している。ギャル男が、ギャルとは違って、結局は日本という田舎に閉じた現象として消費され霧散していったのは、基本的に派生的でしかないそれを言説化する熱意が国内外どちらにおいても十分に起こらなかったからだろう。けれども僕は、ギャル男の実験性と後衛性の半端な混合を、依然として愛惜せざるをえないのであり、渋谷と新宿をおそるおそる往還した半‐当事者として、かろうじて語れる範囲の設定をこれまでも試してきたのだった(9)。

いま、九〇年代的ストリートの形象を思い出すこと、それは、激烈なグローバル化に合わせエビデントに身を固める手前で揺らいでいた身体《コルプス》=資料体の、不安のマゾヒズムを喚起することに他ならない。そしてそのことは、一時代の確認というよりも、不安のマゾヒズムの再起動でなければならず、ゆえに、落ち着き払ってエビデントになされるのであれば本質を毀損されるタスクなのであり、気配として匂いとして、霧散の途上にあるものを記述するという無理に苦しむレトリックによって語るしかないのだ。分身から分身へと移ろう不安のマゾヒズムを再起動させること。すなわち、あらゆることがあらゆるところに確実に届きかねない過剰な共有性の、接続過剰のただなかで、エビデンスと秘密のあいだを揺らぐ身体《コルプス》=資料体を、その無数の揺らぎの可能性を、ひとつひとつ別々の閉域としてすばやく噴射する。柑橘系の匂いで。

（1）本稿は、科学的に（文系／理系を問わず）妥当でないエビデンスを振りかざすことへの批判ではなく、エビデンスの資格の明確化をするような科学哲学に接近しているのでもないし、科学的なエビデンスの範囲をしかるべく合意できるならば、無益に過剰なエビデンシャリズムは避けられる、と考えるものでもない。エビデンスの「見分け」に関するそのような考察は、（1）エビデンスの必要性がイニシアチブを握る言説圏域内でなされることである。本稿は逆に、そうではなく、（2）エビデンスの外部、揺れ、可変性、忘却などがイニシアチブを握るような世界の別面に立脚し、そこから出発しつつ、かろうじてエビデンスを使うならば、という向きで考察を行うものである。(2)の問題化はすこぶる哲学的であり、狭義の実証科学ではなく、「知」一般に関わるものである。九鬼周造も言ったように、純然たる「偶然性」を主題化できるのは唯一哲学のみであるからだ。

(2)大山エンリコイサムは、スーザン・ソンタグによるlooking(眺める)とstaring(凝視)の区別を挙げた上で、都市における「すれ違いざま」の映像的な視覚体験をsighting(目撃する)と概念化し、これをグラフィティとの出会いを表すために用いていた。大山エンリコイサム「目撃の美学」、二〇〇九年(この文章は、本稿初出時には文化学院のウェブサイトで参照できたが、残念ながら現在は存在しない)。

(3)このイベントは新宿三丁目にあった男性専用の日焼けサロン、チョコレートハウスにサポートされていた。ゼロ年代半ばには、一晩に三百人ほどの客がいることもあった。人数が把握できたのは、客が入場順の番号札をつけていたからで、その番号で人気投票をしたり、自分の番号と気になる相手の番号を書いたメッセージカードをスタッフを介して相手に渡せる、というシステムになっていた。

(4)渡辺明日香『ストリートファッション論――日本のファッションの可能性を考える』産業能率大学出版部、二〇一一年、一一五頁。

(5)「~族」から「~系」への移行については、難波功士『族の系譜学』青弓社、二〇〇七年、第三部。難波はこの移行を、「対面的な「共在」からモノやメディアを介した「関係」へ」と要約している。

(6)薫田裕史は、アニメなどにおける「物語から萌え要素へ」の移行という東の議論を受けつつ、ファッションを「そもそも物語性がなく、むしろ素材やディテールのデータベースから出発してきた」と特徴づけ、ゆえに「東が言及するような萌え要素の多くがファッションにまつわるものとなっているのだ」と述べる。そのうえで、アニメなどとは逆に、ファッションがむしろ「物語性を取り入れる」方法に関心を向けている。薫田裕史「乖離する衣服と身体――アニメ・マンガから見た90年代以降の日本ファッション史」、西谷真理子編『ファッションは語りはじめた』フィルムアート社、二〇一一年、二二六頁。

(7)『ギャルとギャル男の文化人類学』(新潮新書、二〇〇九年)の著者であり、かつて有力「イベサー」(クラブで活動するイベント・サークル）のリーダーを務めていた荒井悠介氏にギャル男ファッションの終焉について尋ねたところ、二〇〇八年のリーマン・ショックが与えた影響を指摘していた。その前後の時期、渋谷の神南には、ギャル男系で、比較的高価なインポートものも扱うセレクトショップ、JET FIELDが店を構えていたことが象徴的に思い出される。以前からのランドマークであるBEAMSなどに加えて、ギャル男の文脈がそこで自己主張していた。その店がなくなったのは二〇一〇年のことである。

（8）一時期からゲイ・コミュニティでは、非短髪の諸傾向（ギャル男もそのひとつで、他には「ジャニ系」などがあった）を「前髪系」と一括し、前髪系か短髪か、という単純な二元性を立てるようになった。

（9）本書、「あなたにギャル男を愛していないとは言わせない」を参照。

# 動きすぎてはいけない——ジル・ドゥルーズと節約

「生成変化を乱したくなければ、動きすぎてはいけない」——こんな一節を手がかりにして、ジル・ドゥルーズの哲学のなかに「節約」の手つきを探してみよう。度を過ごすなと戒めながら、適度なほどに動くこと。ドゥルーズによれば、むしろ「節約 sobriété」によってこそ、「多様体 multiplicité」が、「リゾーム」が生まれるのだから[1]。

さて、『襞——ライプニッツとバロック』出版直後に行われた *Magazine littéraire* 誌のインタビュー（一九八八年）に答えて、ドゥルーズは「私は知識人ではない」と正していた。彼によれば「知識人」とは「どんなことにでも意見を持っている人々」なのだが、「実に望ましい」のはむしろ「あれこれの論点についてどんな意見も見解も持たない」ことである。だから私たちは、しばしば嘆かれるように「コミュニケーションの不足」に苦しんでいるのではない。逆に「意見」の表明を無理強いするような圧力にこそ、苦しめられるのだ。ゆえにドゥルーズは「旅行」を好まないという[2]。

旅行というのは何かしゃべりに出かけて行って、戻ってみれば今度はこっちでまたしゃべるといった、そんなものです。行ったきり戻ってこないとか、向こうで小屋でも作るなら別ですが。だから私としては旅行には気が向かないし、生成変化を乱したくなければ、動きすぎてはいけない[il ne faut pas trop bouger]。驚いたことにトインビーはこう述べました──「遊牧民とは動かない者たちのことである。彼らは立ち去ることを拒むからこそ、遊牧民になるのだ」と。(3)

よく知られているように、ドゥルーズそしてフェリックス・ガタリにとって遊牧民《ノマド》という形象は、単一の中心を持たず、いたるところで分岐する網目のごとき「リゾーム」を織りなしつつ、差異の発散を肯定する存在である。「生成変化 devenir」と呼ばれる経験も、ノマドへの変身と別のことではない。他なるものに「なる」こと、それは単一の、固定した主体性を打ち破るまでに、他者＝差異との出会いを歓迎することである。差異に、他者に、他所へと向かう「逃走」の運動は確かに、大草原を駆けめぐるフン族の躍動、絶えざる漂泊のイメージを喚起してやまない。にもかかわらずドゥルーズによればノマドは動かない。いや、動きすぎない。

このインタビューが退ける「動き」とは、万事について、同一的な私の「意見」を持つことにあたる。それは世界のどこかに生起する事態、つまりは他者の様々な経験を、私の了解可能性へと理解＝包摂することである。他者をあらかじめ「代理＝表象 représenter」しうる肥大した自我を得ることで、直接の未知を避けること。ドゥルーズによれば、たとえ善意に導かれたとしても、他者を代理して回る「旅行」には出会いは起こらないし、諸個人の「対話」や「議論」とは別のところに「哲学」の仕事がある。(4) むしろ動かず、表象の防御に頼ることなく、他性のショックを受けること。『差異と反復』（一九六八年）を振り返ってみると、その不動性＝受動性は、思考すべき「問題」との出会いをもたらす生産的な「やる気のなさ mauvaise volonté」とも呼ばれていた(5)。

　このようにまとめてみれば、生成変化をめぐる節約のレトリックもまた、ドゥルーズ哲学に一貫する代理＝表象批判のうちに収められる。しかし動きすぎないというこの不徹底には、それでも曖昧なものが残らないか。やや勇みがちに「動かない」と断じてみせたのは偽善の運動性を退けるための挑発であり、出会いとしての他者化の動きは、「すぎない」ところでなお望まれている。けれどもそれは、徹底した、留保なき非主体化にまで至るのだろうか？　ところが他方、何よりも『意味の論理学』（一九六九年）には、その徹底のほどに迷いを読むことができる。

『意味の論理学』の基調をなす「表層／深層」という図式は、ほぼ「言語」と「身体」の二元論に対応しており、その課題とは、言語と身体あるいは物質の分化を規定することにあった。ドゥルーズの出発点は、何であれ言葉が「意味」を持つとき、私たちはつねにパラドックスを受け入れているというものだ。言葉は何かを指示するが、指示される何かもまた別の指示対象を持つ以上、この連鎖は終わらない。つまりシニフィアンとシニフィエの「無限退行」は止まらないのだが、奇妙なことに私たちは、発話のたびに一定の意味が止まる経験をしている。つまり言語には、「意味作用 signification」の諸系列《セリー》を発散させたままに総合するとでも言うしかない、すこぶるパラドックス的な次元としての「意味 sens」が、「意味作用」の論理には収まらない剰余として伏在している。『意味の論理学』前半部分は、ルイス・キャロルが好んだナンセンスな言葉遊び、なかでも「カバン語」がこうした「離接的総合 synthèse disjonctive」の範例であるとし、それは、ある存在論的審級、チェスの「空虚な桝目」や、「切れ目、裂け目 coupure, fêlure」と喩えられるものの働きによって生じるのだと論じた[6]。この審級によって発散しかつ媒介される効果としての言語＝表層は、それゆえに身体＝深層の次元という別のセリーからも、区別されながら接続される。物質・身体を指示しながらもそれと一体化せず、語が語として余分な存在を自律的に持ちうるのは、そもそも言語が「離接的総合」を本質とするからである。この同じ仕立てにおいて、物質的な因果関係の結果でありつつも独立の次元として「出来事 événement」が規定され、「意味」と「出来事」は構造的に同一視される。

ところがドゥルーズは、第一三セリー「分裂病者と少女」を転換点として、キャロル的なナンセンスの彼岸へと向かった。アントナン・アルトーの記述に見られる発音困難な連続子音、叫びのごとき言葉は、いっそう根底的な無意味を告げる――そこでは「実際、もはやセリーはまったく存在しない、二つのセリーは消滅した[7]」という。「逆に、分裂病のこうした第一次秩序では、身体の能動と受動のあいだにしか二元性は存在しない[8]」。いまや激化したナンセンスは表層を破り、言葉と物の癒着にまで至る。こうしたリミットへと論を転じた理由は、そもそも言語＝表層の次元が、いかにして身体＝深層から生じるのかという発達論的な関心にもあり、第二七セリー「口唇性」以後、ドゥルーズは「動的発生論」と呼ばれるこの過程に、メラニー・クラインとジャック・ラカンの精神分析理論を援用しつつ踏み込んでいる。だが、この後半部分の手前において、ドゥルーズがまず認めたのは、アルトー的な極端に向き合う必要であった――「キャロルのすべてに対しても、我々はアントナン・アルトーの一ページも渡しはしない」[9]。意味＝出来事の経験をもって「純粋な生成変化」を規定するなら、深層にはいっそう受動的な、受苦としての「狂気への生成変化 devenir-fou」がある[10]。

確かにドゥルーズの主張は、「表層にある切れ目は、深層の分裂とはいかなる共通点もない」[11]と要約される。両者には質的な差異があるのだ。にもかかわらず「もちろん、あらゆる生は崩壊のプロセスである」[12]――このフィッツジェラルドの言葉に導かれた第二二セリー「磁器と火山」は、それでも「表層での切れ目は、どうして深い分裂（*Spaltung*）にならず、表層のナンセンスは深層のナンセンスにならないのか」[13]とたじろがずにはいられない。

困難の核心には「死」という契機がある。一方でドゥルーズは、モーリス・ブランショを援用しつつ、二つの死を区別する。意味＝出来事の発散は、ちょうど、主体にとって現前化できない不可能な経験としての死、それゆえに「非人称的」でしかありえない死の時制に属する。これに対し、物理的な身体が「現在」において被る「個体的な死」がある。表層を持つためには、むろん前者のいい、、、死を生きなければならない。けれども、たとえば自殺によって二つの死を短絡すること、「致死的なひとつの線」を避けるにはどうすればいいのか。そこでドゥルーズは、アルコールやドラッグによる緩やかな崩壊にも触れるが、ついには自嘲せざるをえない――「こうした質的な差異は、抽象的な思想家以外の誰のためにあるのか」[14]と。生成変化の実現には、二つの極がある。まず「犠牲者ないし本当の患者」による「完全な実現 pleine effectuation」。しかしドゥルーズは、「俳優またはダンサー」のごとき「反‐実現 contre-effectuation」に留まろうとする。たとえそのように区別することは「思想家の馬鹿馬鹿しさ」だとしても。[15]

ドゥルーズの生成変化はこうして、非人称化へと向かう大きなベクトルに乗りながらも、さらに二つの実現の狭間にあって振動をやめない。まずもって代理＝表象批判を意味したあの警句には、二重の死を生き延びるためにこそ分裂のほどを節約せよという命法が、さらに潜在している。そこで求められたのは「もうひとつの健康」を得るために、「自分の傷跡において可能な限り長く生き延びようとする身体[16]」をなお保つこと、この留まりの緊張をそのままミニマムな持ち場として、思考を再開することであった。動きすぎないこと――ドゥルーズのこの節約は、おそらくは表層と深層のあいだにあって、「脱領土化」そのものを「領土」とするという[17]、パラドックスの家政《エコノミー》を願っている。

（1）Gilles Deleuze et Félix Guattari, *Mille Plateaux*, Minuit, 1980, p. 13.（ジル・ドゥルーズ&フェリックス・ガタリ『千のプラトー』宇野邦一・小沢秋広・田中敏彦・豊崎光一・宮林寛・守中高明訳、上巻、河出文庫、二〇一〇年、二二頁。）

（2）このインタビューについては以下を参照。Gilles Deleuze, *Pourparlers*, Minuit, 1990, p. 185-212.（ジル・ドゥルーズ『記号と事件』宮林寛訳、河出文庫、二〇〇七年、二七二―三二五頁。）

（3）*Ibid.*, p. 188.（同前、二七七頁。）

（4）この立場については、次を参照。Gilles Deleuze et Félix Guattari, *Qu'est-ce que la philosophie?*, Minuit, 1991, p. 32.（ジル・ドゥルーズ&フェリックス・ガタリ『哲学とは何か』財津理訳、河出文庫、二〇一二年、五三頁。）「誰かが何らかの意見を持って、あれよりこれを考えるにしても、肝心の問題が言われていないとすれば哲学にとって何だというのか。けれども当の問題が言われたならば、肝心なことはもはや議論をすることではない。自らに割り当てた問題のために、議論の余地なきいくつかの概念を創造することである」。

（5）Gilles Deleuze, *Différence et répétition*, PUF, 1968, p. 171.（ジル・ドゥルーズ『差異と反復』財津理訳、上巻、河出文庫、二〇〇七年、三四九頁。）

（6）「カバン語」とは複数の語を合成する言葉遊びである。たとえば「激怒している furieux」と「湯気を立てている fumant」を合成した frumieux は、二つの状態を共存させながらも融合はせず、どちらかに偏るような揺れ＝離接の余地を持っている。Gilles Deleuze, *Logique du sens*, Minuit, 1969, p. 61-62.（『意味の論理学』小泉義之訳、上巻、河出文庫、二〇〇七年、九四－九五頁。）

（7）*Ibid.*, p. 111.（同前、一六六頁。）

（8）*Ibid.*（同前、同頁。）

（9）*Ibid.*, p. 114.（同前、一七〇頁。）

（10）第二三セリー「アイオーン」を参照。

（11）*Ibid.*, p. 112.（同前、一六七頁。）

（12）*Ibid.*, p. 180.（同前、二六八頁。）

（13）*Ibid.*, p. 183.（同前、二七二頁。）

（14）*Ibid.*（同前、同頁。）

（15）*Ibid.*（同前、二七三頁。）

（16）*Ibid.*, p. 188.（同前、二七九頁。）

（17）Deleuze et Guattari, *Mille Plateaux*, p. 473.（ドゥルーズ&ガタリ『千のプラトー』下巻、七二－七三頁。）

# Ⅳ 言語

# 言語、形骸、倒錯——松浦寿輝『明治の表象空間』

松浦寿輝は『明治の表象空間』序章で、かの『国体の本義』の「第一　大日本国体」について、「これ以上空疎な文章を想像することは難しかろう」と述べ、その「内容空疎ぶり」の仕掛けを分析している。要するに「国体」とは、日本の日本らしさという卜ートロジーの容器である。「国体論」とは、天皇制および儒教風の家族道徳という、この島国で幅を利かせてきた、経験的で特殊な＝特定集団の利益にかなう——強く言えば、偶然的でしかない——統治のシステムに、超越的な必然性を与えんとするかのようでいてその実、これまでそうだったから日本はそうなのだ、そうであり続けるべきだ、という既成事実を延長したいだけの強弁である。だから、国体がこうであるからという無根拠の根拠性（特殊な経験性・事実性）によって生活の徳目を必然化せんとする「教育勅語」の文もまた当然、内容空疎であり、そればかりか松浦の指摘によれば、起草者の井上毅は、卓抜なる官僚的才によって、こうであるからこうであるがゆえに「至尊」である天皇の一人称による言説フレームを設定し、「政治も宗教も哲学も避け〔引用者註：すなわち、こうであるからこうである天皇・国体以外の大文字の《理由》に言及せず〕」、誰からも「弾指」されない消極性に徹した」文を実現したのであった（松浦寿輝『明治の表象空間』新潮社、二〇一四年、四〇九頁。本稿中の引用頁数はすべて同書）。

こうした『国体の本義』、「教育勅語」への批判は、しかしながら、内容空疎＝《理由》なし＝特殊な既成事実でしかないからダメだ、というだけのことではない。批判の標的は、内容空疎＋目的合理性＝効率的な統治、といった定式である。目的合理性が言葉の内容空疎さを手段として効率的な（＝批判を受けつけずに独走できる）統治を実現すること、これを「弾指」するのだ。

松浦の狙いは、明治において「至尊の空言」という「非理性」をめぐり確立されていく統治の理性＝「定住」のシステムを明晰に描き出しながら、定住の外部で「横行」する別の非理性の運動を、法制度や政治や科学のテクストにも文学のテクストにも、見出すことである。定住とその外部——明らかにドゥルーズ＆ガタリ的な対立ではないか。『明治の表象空間』は、テクストの種別を問わず、「書くこと＝エクリチュール」が遊牧的な逃走線と化する現場を探し求めた書物である。また、テクストを目的の観点で分析しながらも同時に、脱‐目的的にエクリチュールの形姿（のみ）を賞翫せんとする松浦の読みは「倒錯的」であると言え、これまたすこぶるドゥルーズ的な姿勢なのだ（倒錯とは、手段・過程を目的から解放することである）。

『明治の表象空間』のあちこちで肯定評価されるのは、目的＝シニフィエから逸れていく言葉それ自体＝シニフィアンの横溢である。自体的に運動し増殖するシニフィアンの流れ。意味作用《シニフィカシオン》で交流する私たちの間主観性にとっての外部＝他者、としての言葉の横溢。松浦は、言葉の逃走線を肯定するためにあちこちで似通った表現をする。北一輝『国体論及び純正社会主義』に対しては「無償のイメージの戯れが次から次へと繰り出されて尽きることのないこの雄弁体」と言われ（三七頁）、樋口一葉「にごりえ」第五節の独白では「途切れることのない音響の流れ」に驚嘆し（五一五頁）、幸田露伴「五重塔」の暴風雨の場面ならば「眼前に真っ向から吹きつけてくる言葉の奔流にただ圧倒されるだけ」（五五九頁）であり、露伴論において松浦は「奔」の字を次のように連呼する——「奔流のように溢れ出す言葉の運動の、いつ果てるとも知れぬ抽象的持続」（五六三頁）、「尽きることなく奔出し奔騰し奔流する言葉の運動に漲る力動感」（同頁）、そして「奔出し奔騰し奔流する言葉の運動に身を委ねることの無償の愉悦」（六〇三頁）。以上の表現は、言葉が一切の意味作用を喪失し、純然たる音としての音へ帰還するような事態を言っているのではない。いずれの事例でも、言葉の舞踏は、アルトーに現れる異様な音素態のようなものにはなっておらず、十分に意味作用をなしているからである。「奔出し奔騰し奔流する」のはナンセンスではないのだ。

『明治の表象空間』における倒錯的な読解にとって重要なのは、言葉が意味作用をしながら同時に意味作用を否認するようにして前景化される、言葉の形それ自体、いや形骸、としての半身（シニフィアンの物質性）に惹かれながら、しかし、意味作用のトータルな破棄を希求するわけではない、というバランスではないか。松浦は、途中までは目的＝意味作用に向けて配備されていた言葉が、突如、堰を切って奔《はし》り出すモメントを見極めている。なかでも象徴的なのは、一葉「にごりえ」の「お力」が「一散に家を出て」、彼女の孤独、寄る辺なさの独白を始める場面である。ここで一葉の文体は「いきなり」雅俗混淆の技巧から出奔し、簡素な俗語に変わる。松浦によれば、この独白の「言葉は自分自身にただ「仕方がない」と呟くほかはない」（五二二頁、傍点引用者）という境位にあり、お力は、不幸な「内面」を生々しく語る語りによって、というか、俗語の簡素にしてリズミカルな語りへと、自我を霧散させている。これは、言葉それ自体という孤独に一致する忘我の状態であり、彼女は「音響の流れ」になっているのだ。この言文一致体のケースは、自我の、いや、自我に定住する「内面」は「平明にして透明な言語で過不足なく表象されうる」という信仰に甘んじるものではない。言文一致体ではあっても「errance（彷徨《さまよい》）」の言文一致体なのである（五一三頁）。あるいは、お力の「あゝ嫌だ嫌だ嫌だ」や「ゑゝ何《ど》うなりとも勝手になれ、勝手になれ」は、闇のなかを一人奔っていく者が唱える破邪の歌のような、貧しいリズム――「リトルネロ」（ドゥルーズ&ガタリ）――ではなかろうか。

『明治の表象空間』で松浦は、言文一致体による「内面」の捏造を笑い飛ばし、様々な漢文崩し体に肩入れする。なぜなら、漢文（＝外国語）の他者性は、言葉のそもそもの儘ならなさ、極限的には、そもそも儘ならないものである言葉に「身を委ね」るがゆえの忘我を、前景化するからだ――そもそもあらゆる言葉は他者から来る、すなわち、あらゆる言葉は外国語であると言える。漢文崩し体への肯定評価と、エランスの言文一致体への肯定評価は、あらゆる言葉は外国語である、という命題において通底することになろう。

　言葉が、半ば他者化して、増殖し逃走する――こうしたことが、漢文崩し体や欧語からの翻訳（また両者の重なり）によって惹起されるケースに松浦は注意を促している。たとえば、北村透谷「内部生命論」においては、「然れども」の律儀な反復によって作文が促されており、その背後には however や nevertheless が潜んではいまいかと推察される（四六九頁）。透谷の「然れども」は、逆接の意味作用をもちろん有していながら同時に、漢文風であり欧文風でもあるかもしれぬ事々しさの面で、流れに違和を、切断を挟む。さらに言えば、それは、逆接の日常的な意味作用に対して背を向ける、高次の逆接詞として機能しているのかもしれない。シニフィアン「然れども」は、いわば〈半‐形骸的〉――完全に形骸的なのではない、意味作用をしてもいるからである――であり、これは、意味作用の流れを切断し、そこを起爆点として、完全に純粋なのではない（半身を意味作用に浸している）リズムの流れを、にわかに励起するのである（リズムの語源、リュトモス＝形態）。

露伴が「五重塔」において暴風雨を「飛天夜叉王」の荒ぶりに形象化する部分を、松浦は次のように評価する。

> 空想の領野に属する「飛天夜叉王」だの仏教の教養から来た「鉄囲《てつい》山外《さんげ》」だのといったブッキッシュな教養に淫した語彙の採用に、「前近代」への退行を見るか、それとも、リアリズムの規矩を平然と踏み越えて「シニフィアン」を暴走させてしまった身振りの大胆な冒険性に、四迷も独歩も鷗外もみずからのテクストに呼び入れられなかった貴重な文学的出来事の開花を見るか、そのどちらと取るかが問われているのだ。そして、これは実は二者択一の問いではない。視点の選択によって二つの解のどちらもが正解たりうると言うほかなく、両者の間でどちらともつかず揺れているその微妙な振動ぶりそれ自体に、「近代」作家露伴の存在意義があると言うべきなのである。（五六〇‐五六一頁）

露伴に特徴的であるとされる「前近代」と「近代」の「どちらともつかず揺れているその微妙な振動ぶり」は、本稿の概念では、言葉の半‐形骸性のその「半」状態に対応している。以上の箇所で漢文脈の教養は、意味作用の生気を失う代わりに、いわばリュトモスとしての殻《から》の生気、あるいは、死の運動性を得ている。

透谷・一葉・露伴という選好において松浦は、半－形骸性の度合いが形骸化に寄りすぎていないという具合に注意しているらしく思われる。逆に言えば、意味作用をあるしかたで追求する姿勢が維持されなければならないという判断がある。このことは、透谷論において明らかだ。松浦によれば、透谷の核心は、ある「欠如」をめぐって言葉を紡ぐしかないということの「フラストレーション」＝欲求不満を、積極的に引き受けることである。決して埋められない欠如、穴、それの不可能性。この論脈は、あからさまにフロイト－ラカン的なものである。透谷の「然れども」は、意味作用の満足に背を向ける逆接であり、満たされすぎの禁止であり、これは「去勢」のマークであると考えられる。定式化するならば、クライテリアは、半－形骸的な言葉の舞踏と、欠如をめぐる虚ろな旋回が、連動しているかどうかなのである。

形骸化がすぎるならば、事態は滑稽なものになる。たとえば、永峰秀樹の翻訳『欧羅巴文明史』に見られる「然リト雖ドモ」について。

単なる“but”につい「然リト雖ドモ」という漢文読み下しの定型表現を当てたとたん、永峰の筆はするすると滑り出し、原文には単に、勢いよく突進して他国に追いつき追い越すとだけしか書かれていない箇所に、永峰は、捏造された競馬レースの映像をいきなり投影してしまっているのだ。ここで重要なのは、永峰が勝手に書き加えたこの文飾が、冷静な知的配慮からというよりは

むしろ、漢文体の「調子の良さ」とそれが誘う悪戯ごころに引きずられて出現したかに見えるという点だろう。（一四三頁）

この「然リト雖ドモ」を、透谷の「然れども」に対比してみる。透谷の場合では、満足に対し逆接を突きつけていた。しかし、永峰の場合では、正反対ではないか。永峰は、原典にありもしないそれをもっと求め、捏造してしまう。忠実さを平気で裏切ること。去勢の法に対しての逆接、去勢否認的な高次の逆接詞が、この軽躁的な「然リト雖ドモ」なのではないか。フロイト＝ラカンに依拠するならば、勝義に倒錯的なのは永峰の方であり、倒錯の目立った特徴は、イマージュの次元への固着、イマージュの増殖である（欠如はイマージュで隠蔽される）。対して、透谷『蓬萊曲』の基調はイマージュが豊かではないし、もっとそうなることを控えているように思われる。

この競馬レースと同じく、露伴の暴風雨の箇所もまた漢文脈に由来するイマージュを軽躁的に花咲かせるもので、いずれにせよ、倒錯的である。漢文脈（・欧文脈）は、近代の日本人を日用の言葉《パロール》ではなく他者たる言語それ自体に対峙させる、という去勢的な機能と、また同時に、その去勢の刻み（＝違和感のある響き）の様々なるリズム《リュトモス》＝形態の上で内容空疎な（日用的ではない、ファンタジックな）イマージュを、イマージュとしてのイマージュを増殖させるという去勢否認＝倒錯的な機能を、併せ持つと考えられる。

言い換えれば、禁欲性の翳りが、逆説的にも、舞踏する言葉の「無償の愉悦」に染み渡っていなければならないのであり、あるいは、去勢の多様な切断線が舞踏している、のでなければならない。

禁欲と淫奔の両立である。

松浦は最終的に、後期露伴の「考証」のエクリチュールを賞賛する。露伴の考証は、決定的な答えに至って満足するものではなかった。欠如＝答えをめぐって右往左往し、中断のように締め括られる露伴の考証にもまた、去勢と去勢否認＝倒錯の両方を看取できる。ひとことで言えば、露伴の考証は禁欲的な饒舌である。松浦自身の学術と文学をまたぐキャリアが投影されていると思しき、露伴における「文を行《や》る快」とは、おそらく、欠如をめぐりつつ、同時に欠如など知らないかのように「愉悦」に浸りもするというパラドクシカルな態勢であり、これは神経症的かつ倒錯的な態勢に他ならない。

国体論が批判されたのは、内容空疎さを目的合理性に奉仕させ、統治の効率化を実現したからであった。言葉が内容空疎であること自体が難じられているのではない。なんとなれば、あらゆる言葉は、実用に供される半面、もう半面において、半‐形骸的な玩具でもあるのだから。したがって、極めつきの官僚的作文にしても、それを脱‐目的化する倒錯した読みを行うならば、かくも内容空疎であるからこそ、まさしく物質的なる言葉それ自体として賞翫することさえ可能なのではないだろうか。

目的合理性に抗する直截の批判は必要であるとしても、また同時に、目的合理性が蒸発しているかのようなもう半面の世界に半身をシフトさせるということが、言語の本性的な半‐形骸性ゆえに、可能となるのである。あらゆる禍々しい命令を「弾指」しつつ、パラドクシカルに同時に、無関心のマージンを確保すること。目的合理性をその彼岸へと超える垂直の終末論を一方に想定するならば、いまここのこのテクストを文字通りに読む、というか、なぞることの「無償の愉悦」が示唆するのは、既に実現されている水平の終末論なのであり、これを、目的合理性に抗する批判の焦りによって台無しにしてはならない、と私は思う。

＊本稿は、次の著作の書評である：松浦寿輝『明治の表象空間』新潮社、二〇一四年。

# 批判から遠く離れて——二〇一〇年代のツイッター

最近のツイッターは空気が厳しい。

たとえば出勤途中の電車でスケジュールを考えながらついついそのアプリに触れてしまうと、たいがい何かイライラさせられる議論を目にし、自分のやるべきことを始める前に、頭が気がかりの靄で覆われてしまうのである。

二〇一〇年代においては、ソーシャル・メディアの爆発的普及で、毎日の愚劣なニュースに対する批判が——しかも様々なスタンスからの諸批判の比較が——すぐに共有され、事の成り行きを変えることさえ可能になった。これは革命的であるけれども、しかし僕は、誰もが多少なり警察的になった——しかも活き活きと——この状態を薄気味悪く感じている。愚劣な事態を批判で打つことは必要であるにしても、また半面で、批判から遠く離れたどこかに身体を置くことも必要なのではないだろうか。そういう思いをますます強くしているのである。批判に批判を重ねるのでも、積極的に代案を出すのでもない、そんな第三の道を考えることは無益なのだろうか。これは「ノンポリ」ではない。なぜなら同時に、半面では、批判に批判を重ねること／積極的に代案を出すことを考えてもいるからだ。だが同時に、他の半面では、批判でも建設でもない存在の別のしかたとして、僕は、寝酒について数個のツイートをする意義を改めて考えているのである。

ツイッターは僕にとって重要なアイデアの源だった。新刊やイベントの情報が得られるのはもちろん便利だけれど、それより重要なのは、誰かの試行錯誤している様子のフラグメントが日常生活のどうでもいい記録に混じって流れてくることである。垣間見えるのは、人および事物の変化のプロセスだ。一四〇字以内で不十分に象られた、工事現場やアトリエの一角をチラチラと見ている。示されるのは、固まった主張ではなくて、変化の途上で仮固定された実践のきらめきである。ツイッターのタイムラインでは、複数の異質なアトリエの部分的な眺望が明滅している。していた。それらに触発されて、僕もまた自分のアトリエを少しばかり見せるのだ。そういうタイムラインで生じるやりとりは、人と人のそれであるというよりむしろ、アトリエとアトリエの、部屋と部屋の、密室と密室の部分的なやりとりであると感じられる。ひとつのアカウントという密室。そうこうするうちに、作業中のアイデアは変化し、枝葉を伸ばす。僕は、博士論文を書いている期間にたくさんのツイートをした。この論文を初めての著作『動きすぎてはいけない』に書き改める期間にも。僕は、というか僕のアトリエは、他のアトリエの日々の変化によって触発され、励まされていた。

個人的な印象だが、物書き・物作りに関し、以上のごとく昔ながらのアカウント運営をする者は、残念ながら減ったように思わざるをえない。いったいどうしてなのだろう。飽きてしまったのかもしれないし、迂闊なことを言いにくい世情なのかもしれない。かつて雑感を放言していた者たちも、いまでは、隙を見せることを過剰に警戒しているかのようで、新刊やイベントの無難な宣伝ばかりしている……僕自身もご多分に漏れずそんな傾向であって、揚げ足取りへの心配は増している。生煮えの発言をしにくくなった。

生煮えの発言などそもそもするべきでない、のか？

ツイッターというのは、生煮えの、変化途上の思索を相互作用させる場所であると僕は思っている。ヴァレリーの『カイエ』や、ニーチェの断章や、あるいはソクラテス以前の哲学断片のような形で、体系化されざる何事かを試運転する。一四〇字という有限性で。

多くのアカウントは、最近ますます「社会的に構えた」様子を強めている。時事に対し、何らかの社会・政治的スタンスから、かつ、その何らかの「お作法」を神経質に意識しつつ、活発に反応している。毎日のそんな状況に僕は意気阻喪させられている。日々のニュースが侃々諤々のいわゆる「公共性」において吟味されているのだから、ツイッターは有効な政治空間になったのだろう。が、これは一種の「大喜利」めいた状態であって、日中にチラと覗いたら最後、自分ならどう切り込むかというシミュレーションに取り憑かれて、本業の邪魔になること甚だしいのである。シリアスに必要な政談も、「コミュ力」の発揮としてお笑い芸人さながらのふるまいをすることも、結局は、あるスタンスないしキャラの「席を占める」という欲望によって駆動されているのではないか。議席、そして芸人のひな壇。大喜利化するツイッターにおいて参加者たちがそのスタンスないしキャラに自家撞着している状況が、僕を息苦しくさせる。一定の「ブレない」ご意見番が存在するのは結構なことであろう。けれども、僕が感じたいのは、変身のダイナミズムなのである。はっきり言えば、ブレないことを褒めるというのが僕にはおもしろく思えないし、事情に応じてブレる人のほうがずっとおもしろい。僕は、変化途上の姿に立ち会いたいし、自分もそういう姿でありたい。これは子供じみた考えなのかもしれないし、責任感に乏しいのかもしれない……こんなふうに僕は、最近のタイムラインを眺めながら自責の念を膨らませてしまう。いや、気を取り直そう。

もう一度、変身する舞踏へ。

批判でも建設でもない別のしかたで一四〇字以内を使うために、いまの僕は、次善の策として、音楽における「休符」のような事柄を契機にしている。ランチは何だったとか、夜はまだまだ冷えるとか……他愛のない（つもりの）事柄によって——そうだとしても、これまた実に政治的なのであって、無邪気に告げられるメシの種類にせよ、挨拶のタイミングによって暗示される労働状況にせよ、何らかの階層的利害への一種の居直りに相当するわけで云々——、侃々諤々への「悪魔払い」をしつつ、別のしかたでの余地を開削せねばならない。僕の研究対象である二十世紀フランスの哲学者ジル・ドゥルーズは、晩年に、必要なのは「非－コミュニケーションの空洞や、断続器」であると述べた。[1] ドゥルーズによると、私たちはコミュニケーションの不足によって苦しんでいるのではない。「逆に、大して言うべきこともないのに意見を述べるよう強制する力がたくさんあるから悩んでいるのです[2]」。意見表明を無理強いする力はいま、ツイッターやらフェイスブックやらにおいて明白ではないか。大喜利せよ、と命じられているではないか。僕は切実に思う。もしかしたら、公共空間のそこかしこで明滅する「出来事」の呟きは、ドゥルーズ的なる「非－コミュニケーションの空洞や、断続器」として機能するのではないか、と。「予定の整理」、「駅へ行く」、「ランチはパスタ」、「夜はまだまだ冷える」……こうした出来事の明滅は、不随意な身体の震えのようである。震え、舞踏の萌芽としての。

日常のツイートから低いジャンプで、低い超越で、思索の手がかりを摑みとる。批判に批判を重ねるのでも、積極的な代案を出すのでもない別のしかたに、いかなる意義があるのか。それは、各アカウントが特異に表現している。

（1）Gilles Deleuze, *Pourparlers*, Minuit, 1990, p. 238.（ジル・ドゥルーズ『記号と事件』宮林寛訳、河出文庫、二〇〇七年、三五二頁。）

（2）*Ibid.*, p. 188.（同前、二七七頁。）

# 緊張したゆるみを持つ言説のために

学術出版に関しては、日本はまだ恵まれた状況にあると思います。学術書をカジュアルに読むカルチャーがあり、新刊がツイッターなどのソーシャル・メディアで話題になったりもしている。良かれ悪しかれ、次々にネタを消費するという大衆文化のダイナミズムのなかに学術書もまた含まれている。だからこそ、出版社もいまのところは学術書の出版を続けてくれている。私は、そうしたアカデミズムと大衆性の混じりあう状況が日本で依然として続いていることは、大局的に好ましいことだと思っています。重要なのは、アカデミズムと大衆文化の混じりあいながらの緊張関係です。アカデミズムと大衆性のあいだのグレーゾーンにおいて、両端の緊張関係を自覚的にその動力とするような本が、日本では出続けている。そうした言説状況は、今後はもしかするともう維持しがたいのかもしれない。しかし私は、それは維持されるべきであると主張したいのです。

グローバルに見て、研究者の世界では、本を出すよりも査読論文で競うという傾向が強まってきました。とはいえ、日本では、いまでも単著を持つことは重要であり、また私の見る限り、フランスでもそうでしょう。しかし、最近の日本でグローバル＝英語圏志向の大学人が考えている改革路線のひとつは、学術生産をもっと査読論文ベースにすることです。他の東アジアの国、たとえば台湾では、大学教員の業績査定の対象となるのは、基本的に査読論文であると聞いています。台湾では、本を出すときにも他の学者による査読をパスする必要がある。それはもちろん質担保のためですが、そうなると実験的な書法や、飛躍や蛮勇は難しくなるのではないでしょうか。異形の書物を書くという意気は削がれるだろうと思います。

日本の場合では、編集者の役割が大きい。記述の学的厳密性と読みやすさの両立などに関して、編集者(非専門家)と著者(専門家)とに軋轢が生じることもままあります。ですが、編集者に独特の、大衆性と専門性の狭間からなされる介入は、いわば「日々の言語」を変質させるという大きな課題のためにこそ不可欠なのではないか。編集者は、専門的な語りをもっと嚙み砕くようにと促すものであり、それに対して著者は抵抗し、硬軟のバランスを探るわけですが、こうした折衝は、あるしかたで翻訳された専門性でもって、日々の言語に何か尋常でないものを感染させるためになされるのです。編集者との共同作業のなかで専門家は、日々の言語使用を深く「蝕む」にはどうしたらいいかという、ウイルス的な課題を明確に抱くようになってくる。専門性一本槍でピアレビュー(査読)主義になるのも、また大衆性一本槍でひたすらわかりやすさを求めるというのも、どちらも単純明快なことですが、私としては、もっとややこしい「中間地帯」が、言語文化総体の変質のために必要であると考えています。

学者はしばしば、研究の社会的有用性を明確化するように求められます。しかし、明確に何に役立つかよりも重要なのは、単純に言って、広く読まれ、問題意識が共有されて、思考の刺激をあちこちにもたらすことではないでしょうか。思考の刺激をどう役立てるかは受容者によって様々でしょう。広いリーダーシップ(読者層)のためには、語彙の工夫や、話のダウンサイジングの方法や、逆に大風呂敷を広げる勇気も必要になる。研究成果が文化を大規模に動かす可能性を持つためには、たくさんのレセプターに訴えかけられる雑種性を持った文体が要請される。そうした文体が流通する言説空間を維持する必要がある。そうでなければ多種多様な人によって成り立っているところの文化に大規模な動きを着火することはできないでしょう。

　局所的な理論的洗練が一方で進み、それとは別に大衆の歴史があるというのではなく、先端的な知識が先端的な大衆性と触れ合う領域をどう確保するか、です。台湾に行ったとき、親しい学者に、日本にたとえば『ユリイカ』や『現代思想』のような――狭義の学術ジャーナルとは言えないが、それに準ずるような――媒体があるのはうらやましいと言われました。そうした媒体では、厳密性の基準をある程度は自分で設定しつつ、比較的自由な形式で考察を書くことができる。しかも現状、日本ではそれが学術業績として認められる。国内でも、『現代思想』なんぞに書いても業績にならない」としたり顔で言う人がいるかもしれませんが、それは、いわば準-規範的な言説空間の必要性を軽視している――文明論的に言って必要なものなのに、です。

『ジル・ドゥルーズの「アベセデール」』のＤＶＤが出た際、ツイッターで「ついに出た」と話題になり、さらにはポータブルプレイヤーをお風呂場に持ち込んで観ているなどと言われるような日本の状況は、好ましく異様です。それだけドゥルーズはアイドル化されていて、そんなアイドル的受容に対しては眉をひそめる人もいるでしょうが、これは確かに受容がなされているということなのだから、専門家の独占物になっているよりはずっと好ましいのです。こういう場合に、清濁併せ呑めるかどうかなのです。文化に介入し、日々の言語を「蝕もう」と思うのであれば、多少の不純さには寛容であらねばなりません。そこで学者は、自分の職務的名誉に絡んだ「清貧の思想」のようなもの――というか、これは要するに、同僚のコミュニティにどう思われるかというみみっちい話なのです――に閉じこもってはいけない。

ラフな言い方になりますが、日本というのは、生活から隔絶した超越性がうまく働かない国だと思うのです。知識人の役割もそれほど超越的なものにはならない。知識人もまた大衆性を強く帯びたことを言う、下品なジョークすら言うわけですね。最近とても厄介だと思うのは、ところどころで下品な本音を言うというコミュニケーションは、垣間見せるくらいのことであれば日本文化の魅力として機能するのに、とにかく下品な本音をひたすら言っていけばいいという方向に世間全体が向かっており、そのために、ときどきに燦めく下品さということの（倫理的とすら言える）価値がダメージを受けていることとです。一部の過激に大衆主義的な政治家や、IT企業経営者などがそういう本音主義を露悪的にやっていて、それこそが人として本当だというようなイデオロギーを蔓延させつつある。こういうこともまた、日本文化の総-平民性、総-下民性のような背景から出てきているわけですが、注意すべきなのは、その背景から出てきていながらそれを破壊するものだ、ということです。西洋的近代主義者ならば、そうした、超越性が弱いなかで下品さを垣間見せるようなコミュニケーションをだらしない本音主義と一緒くたに糾弾してしまうかもしれません。私はこれには大いに反対です。問題なのはここでも、中間でありグレーゾーンである。公的に「正しい」コミュニケーションをしながらも、ときにそれが崩れる――着崩しが起こったり、足を崩したり、ネクタイがゆるまったりというようなことがところどころで起こる、それが言説のエロティシズムなのだからです。それが色気であり、そういう微細なゆるみが生じるポイントに日本文化は多くを賭けてきた。これは緊張感と不可分のゆるみであり、対して、ただ本音を押し出せばいいというのは野暮以外の何物でもない。また、公共空間においてはいつでも清廉にしていろというような杓子定規の近代主義者もこれまた野暮以外の何物でもない。

　こうした文明論的な観点からすると、純粋主義たろうとするアカデミズムと大衆的なものとの中間という話は、妥協的な文化商品を作ろうということではなく、もっと根本的な、あるエクリチュールの問題なのだと思うのです。中間のエクリチュール、それは、たんなる折衷様式ではなく、まさにその中間性を原理化することが課題となるようなエクリチュール――「ゆるみの緊張感」とでも言うべきものが漲っているエクリチュールなのであり、これはもしかすると、西洋の学者はあまり書かないタイプのものなのかもしれません。知識人が超然たる例外的位置に立つことができない、学知が超越的なものにならない……そのことは、漠然と空気のように広がる反知性主義をもたらすでしょう。そうした反知性主義は、一面では批判されなければならないとしても、そこにこそひとつの文化的可能性があるとも言わなければならないのです。つまり、日本の言説空間にひとつの賭けとして信を置くのならば――そうしないことも自由ですが――、反知性的なものを一概に退けてはならないということなのです。批判されるべきは、反知性的なものの野暮化、単純化なのであって、それに抵抗するのは、知性と反知性が一種の弁証法を繰り広げる空間なのです。これを維持しなければならない。

日本ほど知識人がツイッターをやっている国はありません。それはひとつには、日本語とツイッターの一四〇字以内という制限があまりにも形式的にマッチするからですね。川柳や都々逸のように、定型の短文で日常を表現することの土壌がそもそも日本にはあり、また、つぶやきという体裁が古くからの随想文化とマッチしている。ツイッターでは、小奇麗なことばかり言っていればいいのではないという大衆的圧力に、日本の知識人は晒されることになる。知識人がそんなことに応える必要はないと思われるかもしれませんが、こうした大衆性への晒されによって、文化が単純に超越化しないようにするというメカニズムが働いている。そこが肝要である。それによって、インテリvs.大衆という単純な分断を生まないようになっているからです。左派的な考え方というのは、海外では基本的にインテリのものとしてあって、そしてインテリにはそれ以外の選択肢はないに等しいかのようです。日本において特徴的なのは——他にもそういう地域はあるかもしれませんが——、知識人がときにロマン主義的右派のような態度を示したり、様々な文脈での「正しくない」ことを表明することが可能であり、それと左派的なものが絡みあって進行するという点です。そういう状況を野蛮であると捉え、インテリはもっぱら「正しさ」を牽引するべきだという主張をする人がいてくれないとそれはそれで困るけれども、私はそういう人とは、にこやかに闘い続けたいのです。日本語の言説空間では、純化されきらない野蛮さに魅力があるのだということを見捨てるわけにはいかないと思うからです。

いま、日本語の壁によって外からきわめて見えにくかったこの国の言説空間をどう海外に、とくに英語圏に橋渡ししていくかということが、大きな課題になっています。私も、海外とのインターフェイスを作る活動の一部を担おうと試みています。その際、根本的な難点としてあるのが、戦後の言説空間の文脈、厚みがそもそも外にほとんど——一部の日本研究者以外には——共有されていないということです。たとえば、日本におけるフランス哲学の研究水準は高いものだと私は思いますが——これは別にナショナリスティックに言っているのではなく、客観的に海外の文献をいつも読んでいる身として、日本の研究者は特異な成果を残してきたと言えると思いますが——、それは外ではほとんど共有されていない。日本の成果を国内の文脈ごと輸出するという作業が必要になる。ただ、文脈を輸出する場合には、圧縮し整理することは避けられず、そのやり方に視点の偏りが必ず生じます。そのやり方をめぐって国内の論者のあいだに足の引っ張り合いが起こるだろうことは容易に予想されます。しかしそうだとしても、ざっくりとパッケージした文脈の輸出をどんどん断行しなければ、状況は打開できない。各方面、みんなが納得するように調整して輸出するなんていうことをやっていたら間に合わない。この点においても野蛮さが必要とされるでしょう。

海外の査読ジャーナルに日本人が（人文社会系の）英語論文を発表しなければならないというプレッシャーは、もうしばらく前から普通になっています。そうしたコミットメントを同時にやりながらも、グローバル・アカデミアの規矩に身を合わせるというよりも、日本で行われてきた論理形成のスタイルに興味を持ってもらえるように工夫していく必要があります。そもそも日本における西洋的コンテンツの「倒錯的」な変形に対しては、残念ながら、なかなか興味を持ってもらえないものなのです。やはりこの国は（戦争に）負けた国なのであって、その自覚において今後を考えなければならない。負けた国であり後進国なのだから、英語圏の基準に沿って、せめてもの貢献として「身のほどをわきまえた仕事」をするというのもひとつの立場だけれども、もっともっと打って出ていいと思うのです。「打って出る」などと言うと、帝国主義的発想に満ち満ちた態度だと非難する人が出てくるかもしれない。負けた悔しさをバネにして、いまこそもう一度、知の世界において日本の帝国主義的進出をプッシュしようとしているのではないか、などと揶揄されるかもしれない。そんなことは言わせておけばいいのです！

日本の言説が世界で覇権を取るようなことを目指そうと言っているわけではありません。だいたいそんな目標はまず実現不可能なのだから。いや、そもそも不可能な目標であるからして、それくらい目指すような大胆不敵な態度でも構わない。あるいは、英語によるグローバル・アカデミアは圧倒的に非対称的な優位性によって世界を支配しているのだから、それに対して表向きは「共生」等々と言っておきながらも、同時にこちら側の異質な論理をウイルス的に送り出していく必要がある、そう戦略的に言うこともできる。そのためには、海外の日本語ができる人たちとの協力関係が必須です。この点で共犯者になってもらうこと、このことにも困難があるかもしれません。英語圏の日本研究者には様々な利害関係があるでしょうから。

手軽に始めるとしたら、日本の若手研究者や批評家は、自分の仕事の新規性が伝わる短い文章なり何なりを、ひとつでも早く翻訳してウェブに載せ、ソーシャル・メディアで拡散するべきです。日本語の壁の内側にこれだけのコンテンツが潜んでいるということを集団的に示していく。それは組織的にというより、自発性が多発するような勢いとして起こるべきである。実際、私は私でそれをやり始めています。現時点では、アジア諸国への翻訳は起こりやすい状況ですが、そこからヨーロッパ、英語圏に飛び火していくということがもっと起こってくるかもしれない。

日本において日々の言語を「蝕む」ことを企むべきであるのと同時に、日本の言説空間によってグローバルな言語（とくに英語）の文体を「蝕む」ということ、このことを自覚的に狙っての外国語での活動を進めなければなりません。

## 此性を持つ無——メイヤスーから九鬼周造へ

九鬼周造の『偶然性の問題』は、その思弁的な極まりにおいて、カンタン・メイヤスーの『有限性の後で』に類似する。すなわちそれは、「原始偶然」とも「絶対的形而上的必然」とも捉えられる、「形而上的絶対者」に関する議論である。九鬼において「原始偶然」とは、あらゆる因果系列の根底に存する、現実が〈こうでないこともありうる〉という可能性の、無限に多い離接である。かつ、それら無限の可能性のすべて、「全体」として想定されるのが「絶対的形而上的必然」である。

世界とは諸々の因果系列の束であり、すべての因果系列の根底、つまり全体としてのこの世界の根底は、絶対的に偶然的である——このように、九鬼をメイヤスー的に捉え返すことができる（世界が偶然的に別のあり方へ変化しうるというメイヤスーの主張は、九鬼においては示されていないが）。絶対的形而上的必然という概念は、おおよそメイヤスーが言う「ハイパーカオス」に相当するだろう。ただし、次の違いがある。九鬼は、無限の諸可能性について「全体」という語を使う。対して、メイヤスーの場合ではそれを避け、カントールの集合論とバディウに依拠して、無限の可能性の数は、際限なく濃度が高まる超限数の系列をなす——ゆえに、諸可能性は非全体的である——と主張している。

以上のようにメイヤスーとの類似を認めつつ、私は、九鬼に特徴的なのは、偶然性を世界内の事物と事物のあいだにおいて問うことではないかと考えている。

メイヤスーの『有限性の後で』は、世界内的に偶然性を論じるものではない。世界内の事物はすべて、確率的な法則系の支配下にある。論の直接の対象は、法則系である。メイヤスーが主張するのは、世界＝法則系全体が、根底的にまったく偶然的であり、かつ偶然に変化しうるということである。

これに対して九鬼の場合では、世界内における、具体的な、異なる二つの因果系列の「邂逅」から出発して、なぜそのような邂逅が起きえたのかと因果系列を遡っていった結果として原始偶然にたどり着く、という論理構成になっている。

九鬼は、偶然性を「独立なる二元の邂逅」と定義した。

メイヤスーは世界＝法則系全体で考えているが、九鬼は「二元」を考えている。

そして九鬼においては、人間のみならず、存在一般における「独立なる二元の邂逅」に、ある種のエロティシズムが感知されているようなのだ。偶然性は、存在一般について言いうるような「いき」の価値を含み込んでいるのだと考えられる。

九鬼によれば、いきとは「浮気心」である。だから、ひいては存在一般の浮気心を肯定することになる。世界がいまこのように存在しているという事実は、いわば〈存在論的浮気〉の一状態であるにすぎない。この世界は〈恋愛・結婚的に安定している〉のではない。世界は、異なるあり方をしていてもよかった。しかしこのことは、メイヤスーにおけるように、世界全体のマクロな考察から結論されるのではない。九鬼の世界は、諸々の浮気＝邂逅の寄せ集めである。このアイスコーヒーが私に差し出され、青い看板を老女が一瞥し、コンビニのガラス面を冷たい風が撫で、無数の埃が互いに衝突しては落下する……。九鬼の世界は、こうでなくてもよいがこうなってしまっている事物の加算である。

諸々の邂逅の－邂逅が、世界だ。

九鬼の哲学とは、邂逅の、出会いの、逢い引きのミクロロジーである。

表面、という言い方をしたくなる。いきであるのは、表面の出来事としての邂逅である。表面の裏には、無がある。無しかない。表面的であること、それは、ただひたすら現在に内在することだ。九鬼によれば、偶然性の時間とは現在である。現在への徹底的な内在において、過去の前提からも未来の可能性からも自由であるこの事実性が刹那に結ばれて、そしてほどける。掠めて、すれ違う。

この邂逅で、これで尽きている。ある此性を持つ邂逅。

これは、こうでなくてもよかった。となれば、他の可能性が無限に想定されるわけだが、そんな可能性の過剰は、もし邂逅の現在に徹底的に内在するならば、すっかり蒸発してしまう。こうでなくてもよいがこうなってしまっている……ということだけが孤立的に肯定される。こうでなくてもよいからといって、他の無限の可能性に開かれるのではない。こうでなくてもよいがこうなってしまっている、あとは、無。

そこで、次のように考えるのはどうだろう。邂逅の此性に即応するこの無が、無の此性が、無限の可能性の余剰を遮断するのではないか、と。

世界とは、諸々の邂逅の－邂逅である。だから、世界とは、異なる此性を持つ複数の無の邂逅である。異質なる複数的な無の寄せ集めである。

私の仮説は、九鬼のミクロロジー的な感性には、無の複数性という問題を読み取ることができるのではないか、ということだ。

たんなる表面的な邂逅は、二つの因果系列の狭間において生じる。邂逅において二元の何か共通事が、非因果的に——その二元が属するそれぞれの因果系列のどちらにも根拠を持つことなく——生起する。それを九鬼は、駄洒落や韻として捉えようとしたのだろう。たんなる音、音のフォルムでしかない共通事——分身的と言えるような形だけの形、それは〈非因果的形態〉とでも呼びうるものである。おそらく九鬼は、形態なるものの原理的にミニマムなありかを、そのように、因果系列の狭間へ、つまりこの無へと転出する極薄の現在性において認めている。

私は今は偶然性の誕生の音を聞こうとしている。「ピシャリ」とも「ポックリ」とも「ヒョッコリ」「ヒョット」とも聞こえる。「フット」と聞こえる時もある。「不図《ふと》」というのはそこから出たのかも知れない。場合によっては「スルリ」というような音にきこえることもある。偶然性は驚異をそそる。thrill というのも「スルリ」と関係があるに相違ない。私はかつて偶然性の誕生を「離接肢の一つが現実性へするりと滑ってくる推移のスピード」というようにス音の連続で表わしてみたこともある(1)。

非因果的形態とは、無の形態である。此性を持つ複数の異なる無には、それぞれの形態がある。いまここには、様々な形の無が、寄せ集められている。

（1）九鬼周造「音と匂――偶然性の音と可能性の匂」、菅野昭正編『九鬼周造随筆集』岩波文庫、一九九一年、一四七頁。

# V
# 分身

# 独身者のソォダ水——長野まゆみについて

長野まゆみの作品と女性ファンのあいだには、あの凜として謎めいた少年たちの理念性《イデアリテ》について、きっと、その条項を易々とは明かせぬ密約が、それとなく結ばれているのだろう。だが、決して多くはないはずの男性ファンの一人である僕にだって、それなりの言い分がある。一九九〇年代前半、僕の青少年期の進展は、初期の長野作品と不可分だった。僕が、僕自身の身体を積極的に一連のファンタジーとして生きることを決定したのは、もしかしたら、中学時代の終わりに同級の少女から紹介された、というよりも彼女からその秘密——「石膏のたまご」——を奪い取った『少年アリス』なのである。穏やかな優等生だった彼女は、その濃緑の書物を、襟を正して、しかしふわりと包み込むように読んでおり、瞬時に僕は「そのように読まれるべきものなのか」と納得したのだが、今日想起してみると、そのとき僕は、彼女とその書をつなぐ三十センチの安定を周到に乱したい、蹂躙したい、という敵意を感じていたように思えてならない。僕は、いくぶん神経質に『少年アリス』について縷々述べようとしたが、彼女の方は、薄曇った笑みを丸めたまま、言葉少なだった。それが、僕にとっては、奪取のステートメントだった。秘密の身体が起動しつつあった。

少年。純化された少年。ナルシスティックというよりはオートマティックな。植物や鉱物や気の利いたオブジェと交錯する、作り物めいた少年の光芒は、普通、ほどよいファンタスムとして玩味されるべき対象であろうし、それへのアディクションが長年続くにしても、ライフスタイルの趣味嗜好にすぎないというのが関の山であろう。が、少なくとも僕は、そうじゃない、という自己欺瞞かもしれない確信をいまでもかろうじて保持している。当時の僕は、並々のヘテロセクシュアリティから自己疎外しつつあったことについて判断を宙吊りにしていたが、長野まゆみの少年たちの、どう考えてもインチキなオートマティズムに捲き込まれてしまったことが、その宙吊りに、宙吊りのまま一定の実質を与えてよしと決定する一因となった——ようなのである。長野まゆみへのラヴレターであり呪詛。このインチキが！　と僕は、長野まゆみと僕の身体を、福々しく罵倒せざるをえない。

　その後の、高校時代の僕は、長野作品を携えて成長することを強いられた。二人＋αの少年たちを、自分一人のなかに抱え込んで。そう、長野作品には、たいてい重要な二人の少年が登場している。それは、ホモセクシュアルなカップルのようでもあり、一見「やおい」や「ＢＬ」を連想させるが、二人の役割分担は、単純な「攻め／受け」ではない。能動的な少年と、いささか受動的な少年。長野まゆみが描く能動的な少年は、自己充足している独身者であり、その独身者性の強度が、もう一人の受動的な少年をどうしようもなく惹きつける。前者は後者に、独身者としてのスタイルの教育《パイディア》を、何気なく与えるのだ。オートマティックにスタイリッシュであるという、ただそのことだけによって。『天球儀文庫』の「宵里《しょうり》」と「アビ」、また『テレヴィジョン・シティ』の「イーイー」と「アナナス」。こうした二人を攻め／受けに分けて「萌える」のは容易い。が、僕にとって二人は、独身者とその分身なのである。独身者には分身が必要である、というか、独身者は必然的に分身しつつ存立する。なぜか。強度ある独身者はそもそも模造《シミュラクル》でインチキで、決定的に真なる「(本) 性 nature / sex, gender, sexuality」などないからだ。その頃から僕は、少なからずやおいやBLも愛読してきたけれど、その少年たちの関係性には、いつも長野的な独身者の分身性を見ようとしている。

長野作品は、少年たちの底なしにインチキな燦めきが実のところ不気味さでもある、という真面目な気づきへと直行せずに、底なしへの途上で、能動でも受動でもない中動態の少年性を結晶化させることに長けている。だが、一九九二年の『テレヴィジョン・シティ』あたりから悲劇の重みが加わってきて、その延長上に『超少年』も位置している。長野まゆみは、少年たちの極薄の季節を言祝ぐだけでなく、それを出口なき試練としても呈示し始めた(僕の青春期において『テレヴィジョン・シティ』の終末感は、その後九五‐六年の『新世紀エヴァンゲリオン』の序章でもあった、つまり「碇シンジ」と「渚カヲル」へ)。それは、何か途方もないシステムの閉域として表象されるのだが、この追い詰めによってイーイーとアナナスは、ついには、途方もなく美しい海のシミュラクルへと、閉じ‐開かれる。

海と母。どちらもフランス語で「メェル」。ある時期からの長野作品において、少年の独身者性を浸食し始める〈大いなるもの〉——たとえば「夏至南風」による腐敗——は、結局のところ、残酷に優しすぎる母性である、と見切ることもまた容易いだろう。そうした母性は、当初からずっと潜在していたとも言える(凝った日本語という母国語へのフェティシズムからしてすでにそうだったように思われる)。それに比べて、これまた僕のお気に入りであり、長野作品と無縁ではない稲垣足穂は、虚空で空転するフリーズドライされた幾何学的少年を、母の貪欲から切断せんとする勢いを過ごした結果、ココア色にダンディズム化してしまった。少年をママ／パパの影から自律させることはなかなか難しい。少女の生き延びについては、観られるものとしての性、被窃視的身体性をどうマネージするかが問題となるだろうが、少年は、自分で自分を観ない／ことによって観る、あるいは分身によって観られる傾向に惹かれがちであって、それゆえ（足穂風に言うなら）抽象的な悩みを抱きがちなのだが、しかし問題は、少女へ助けを求めて共々生々しくヘテロ規範性のなかに充実を見出すことでも、無頼なダンディないしオタクとして熟することでもなく、自己反射体として多面的な合わせ鏡のように存立することがどこまでできるか、ではないだろうか。

『超少年』では、「AVIALY」というシステマティックな〈大いなるもの〉が背景にあるのだが、半－植物化した未来の少年たちは、情けなき母性の管理下で養殖されているというよりは（そうも読めるが）、互いの分身化を激化させて独身者の群体をなし、この〈群分身化〉に、さらに「ピエロ」と「王子」という分身性が――おそらくは長野作品の自己パロディをも含意させつつ――薄紫で重ね塗られているのである。独身者、分身的カップル、群体。この1・2・3を、僕としては、『天球儀文庫』の印象的なアイテム、「ソォダ水」にこじつけたい。瓶に入ったソォダ水は、それ自体として独身者である。そこに、宵里は「角砂糖」を入れるはずだ。これがソォダ水の分身化。すると、泡が立つ。複数の気泡という群体。これが、長野作品の（少なくとも少年もの系列の）アレゴリーであると僕は言いたい。フランスの大哲学者アンリ・ベルクソンは、『創造的進化』という書物で、コップの水に砂糖を入れて溶けるのを待つときのじれったさが、世界を一元的に貫く「持続」のリアリティを「直観」させるのだと述べた。この水が、もしシトロンソォダだったとすれば！　そこに砂糖を入れたら、持続をじっと待つよりもはやくシュワシュワと沸き上がる複数の気泡で、世界は穴だらけであるという直感を得られるかもしれない。少年は、きっと反－持続である。少年は、穴だらけの〈中間〉である。

原初の王子であるスワンに三人のピエロたちが〈求婚〉するのが『超少年』のメインプロットだが、ここまで述べてきた分身性が本作において極まるのは、実のところ、ピエロ－$\alpha$とその王子のあいだではなく、スワンと偽兄カイトとのあいだではないだろうか。カイトこそが隠れた独身者である。ピエロにも王子にもはっきり分化せず、両者の性格を併せ持つ彼こそが、群体において〈中間〉たる〈中間〉の少年であり、自己においていて最もインチキな距離を抱え込んだヤツである。カイトは、イーイーや宵里よりも遠い存在であり、言うならば『天球儀文庫』で名前の出てくる宵里の長兄「海里」――もはや少年とは言いにくい年齢であるらしい――を想わせるところがある（マニアックな思い込みだが）。一面の雪――残酷に優しすぎる母性――のなかで、カイトの「褐色の肌に琥珀色《アンバー》の睛《め》」――それは足穂的ココア色とはひと味違う――は、春の、始まりの少年であるスワンを、夏という〈中間〉の季節へトリップさせるのかもしれない。始まりの季節と、始まってしまっている季節。雪が解け、砂糖が溶けるのを待つまでもない。二人のあいだは、にわかに泡立つだろう。

＊本稿は、次の著作の巻末解説である：長野まゆみ『超少年』河出文庫、二〇一〇年。

# タナトスのラーメン――きじょっぱいということ

酒を飲んだ後になぜラーメンを食いたくなるかということについて、様々になされている科学風の説明は措くとして、僕は最近、あれは一種の「死の欲動」の発露ではないかと考えている。さんざん酔っ払うというのは、死に近づくことである。自殺ごっこである。生きて考える、生きるために考えることをどうでもよくする。そして、締めのラーメンを食べ、満足して、眠る。さんざん飲んでラーメンで締めてそしてベッドに倒れ、仮死状態になる。ラーメンは、何を締めるというのか。生を締めるのである。あるいは、性を。新宿二丁目の仲通りに面して在る、相当にしょっぱい味噌ラーメンを出す店が気に入っている。スープがどんぶりの縁まで充ち満ちて巨大な味噌汁のようであり、わずかなネギとメンマ、小ぶりのチャーシューが中心に狭く島を成している。僕は、単純に強いしょっぱさに圧倒される。旨みのハーモニーはどうでもよい。きじょっぱいだけであるもの。きじょっぱさによる痛打。きじょっぱさの海に、倒し落とされたいのだ。きじょっぱさの「死海」に倒し落とされ、塩漬けになる＝仮死になるのである。

自分を塩漬け肉にする。生ハムになって眠るのだ、あの頃の若さで。

アンチエイジングとは、自分を塩漬けにすることである。

東京から大阪に移住して三年目になるけれども、納得のいくラーメンは見つけられていない。大阪のラーメンには独特の甘みがある。砂糖を足しているのかと訝しむほどである。「からさ」の角を丸めている。僕は、西日本における「からい」の用法にいまでも慣れていないし、慣れるのを拒否したいとさえ思う。塩「からい」のは、僕にとっては〈しょっぱいという固有の観念〉でなければならないのであって、言葉において＝象徴的に、しょっぱい（塩からい）を、唐辛子による「からい」にオーバーラップさせることなど、許容できはしない。ピリピリして発汗する「からい」は、僕にとっては、遥かなる南の（または大陸の）事柄であり、対して、しょっぱいという質は、いや、きじょっぱいという質は、僕の生地である北関東に連合されている。単純に鋭角なるきじょっぱさは、僕の十八歳までの日々を、まさしく塩漬けにしている。結晶化しているのだ。塩漬けで維持された少年時代を溶かしたかのようなスープを舐める――新宿二丁目の午前二時、少年時代のループとしてのきじょっぱいスープという死海において、自殺ごっこをしている。

死の欲動＝タナトスとしての、塩漬けになること。無機物になること。逆に、甘みを欲するのは「生の欲動」ではなかろうか。糖の、脂肪分の甘み（母乳の）。甘みのエロスとしょっぱさのタナトスを対置してみる。食事というものは、広義に「あまじょっぱい」ものだ。甘みのある穀類を、塩気（と甘み）のあるおかずと一緒に食べるのだから。あまじょっぱい、それは、生と死の、有機と無機の、エロスとタナトスの往還に他ならない。食事は、死に近づこうとする自己破壊の実験でもある。満腹になって眠くなる（あるいは、セックスをして眠くなる）。満腹になって仮死状態になる。食事は、生きて考える持続を中断することである。生きて考えることに疲れ、倒れ込むようにしてなされる食事は、実質的にエネルギーの回復であっても、形式的・儀式的には、死のシミュレーションでありうる。労働の後で、もういい、もうだめだと、食事へ倒れ込むのである。逆に、食事を死のシミュレーションにしない＝生の持続をそのまま延長するためには、食べすぎてはいけない、つまり、眠くならないように調整する（労働の前の少しの朝食、労働の途中に補給する糖）。大阪にいて僕は、タナトスのラーメンを懐かしく思わざるをえない。大阪のB級グルメは甘みの芸である。ソース味のたこやき、お好み焼き、油の甘さに包まれた串揚げ……驚いたことに、カレーもすこぶる甘い（有名な「インデアンカレー」の、子供向けのような甘さと、スパイスの「からさ」の並立）。他方、きじょっぱいというのも、上品ではないどころか鄙《ひな》びているわけであり、とすれば、甘みの＝エロスのB級グルメに対比して、僕は、しょっぱさの＝タナトスのB級グルメをめぐる愛憎を語っていることになろう。甘塩で脂っぽい鮭ではなく、辛塩のパサパサした鮭に投票すること。

東京に行くたびに、タナトスのラーメンを確かめようとする。自分を無機物の破片にする（北）関東的な否定性、としてのきじょっぱさに圧倒されようとする。尻上がりの否定性――としてのきじょっぱさ。年末には、東海道新幹線から東北新幹線に乗り継いで、宇都宮に帰省した。大宮から乗ってきた中年男性が、満員の車内を見るや否や「だーめだ」と尻上がりに吐き捨てる。鼻をかんだティッシュでも放り投げるようなその諦念のイントネーションは、ただちに、深さにおいて東北の地霊に完敗しており、速度において首都を羨望するしかない北関東の中途半端さ、それゆえの消極性が、僕においても塩漬けになっていることを意識させたのだった。きじょっぱいラーメンのスープを舌頭でループさせて僕は、塩漬けにされたあの頃の理想の破片を、僕自身のなかに吐き捨てる――やいなや啜り直し、そしてふたたび塩漬けにするのだ。

# 別名で保存する——『海辺のカフカ』をめぐって供される作品外《オルドーヴル》

○すべて廻るものの滑稽に就いて。
（稲垣足穂「オルドーヴル」より）

『海辺のカフカ』を読了した人たちに宛てる、たとえばの組み変わりとして。

1　供犠のエコノミーを踏み外す。供犠とは別のしかたで節約（économiser）する。ジョニー・ウォーカーの猫殺しを止めるためにジョニー・ウォーカーを殺すことは、供犠の反復でしかない。それが「戦争」だとジョニー・ウォーカーは断じる——「いったん始まった戦争を中止するのはとてもむずかしい」（村上春樹『海辺のカフカ』新潮社、上巻、二〇〇二年［ハードカバー版］、二五四頁。本稿中の引用頁数はすべて同書）。並行的に、田村カフカ少年の父が殺されている。少年自身は殺していないにせよ、どこかで他者が、たとえばナカタさんが代理をしている。供犠のエコノミーは、無意識のうちに代行されている。最終的に、ナカタさんを継ぐ星野青年が、精液めく「白いもの」を殺すのは、抽象化された供犠の寓意でしかないのか。少なくとも三つの供犠が、互いを反復する通過儀礼《イニシエーション》であり、その結果としてのみ、少年は「新しい世界の一部になっている」（下・四二九頁）のだろうか。ならば『海辺のカフカ』は、供犠の代行の重畳を「中止するのはとてもむずかしい」と諦念するニヒリズムの物語でしかない——おそらく実際、そうでもある／が、それはばかりではない。少年とナカタさんの二重の系列《セリー》の共鳴については、二つの見分けがたい悲劇性を並行させなければならない。供犠の残‐酷と、その極薄《アンフラマンス》な傍らとしての、いわば、酷‐薄。

2　一九九五年、高校二年のとき、宇都宮市中心部のオリオン通りにあったams地階のリブロで『ねじまき鳥クロニクル』を一瞥する。既婚者と戦争、を回避する。その店の左奥で、同年に翻訳されたティモシー・リアリー『大気圏外進化論』（*Info-psychology*, 1987）と対峙する。網膜に着地しない紺碧の文字と図表の揮発性、「ポスト象徴的」なエクリチュール。曰く、「社会的に条件づけられたリアリティを超えたリアリティが存在する」、「これらの体験は測定も予測も可能な神経学的出来事である[1]」。そして、「神経賦活ドラッグの広範な使用は、新しい意識レベルの出現を告げる合図なのかもしれない。神経身体的なドラッグは幼生期のリアリティを決定するシナプス連結をゆるめ、感覚的‐身体的な自覚を著しく広げ、強化する[2]」。リアリーは、ＬＳＤの効果と同等のものを情報化に見出そうとする。「サイバー人間は家族や政府といった集団への刷りこみから離脱する。かれらは自分の身体、脳に責任をもち、ＲＮＡ／ＤＮＡの形成を管理し、最終的には超極微の原子的リアリティに責任をとるようになる[3]」。地下鉄サリン事件の前後、父が僕のMacintosh PowerBookをインターネットにつなぐ。

3　残は、残《そこ》なうとも読む。殺すことである。殺され肉を削《そ》がれ、「歹」すなわち骨が残る。供犠は、大文字の《私たち》という共同性を縁どるために、他者＝残りものを骨にする。その骨が《私たち》のフレーム《骨組み》となる。かくして供犠は、残－酷である。ジョニー・ウォーカーを殺すことでナカタさんは残酷化される。その結果、もう猫たちと話せなくなる。と同時に、ナカタさんは、この試練から、別のしかたで生き－残る。ナカタさんは予言する。「空から雨が降るみたいに魚が降ってきます。たくさんの魚です。たぶんイワシだと思います。中にはアジも少しは混じっているかもしれません」（上・二九一頁）。魚たちは降ってきて死ぬだろう、そして食べ物になりうるだろう。この死＝食物化は、ジョニー・ウォーカーの供犠との交換になりかねない、が同時におそらく、供犠を犠牲にすることでもある。神は、アブラハムに息子イサクの供犠を求める。アブラハムは決断する。が、「神はもはや時間がないような瞬間、もはや時間が与えられていないような瞬間にアブラハムを止める。あたかもアブラハムはすでにイサクを殺してしまっていたかのように(4)」。

4　ネットスケープ。「或る風景がAならば、映画に現われたその同じ風景はA′である」。稲垣足穂のエステティクス、野暮な「タッチ」――「なまの」事物の「漫然たる人情」――を払拭して、「ダッシュ」を付けること。「全人間性は、恰《あたか》も放射性物質が毀れるように、笑いの輻射になってしまうのでなかろうか？(5)」――、あるいは、いとうせいこう『ノーライフキング』（一九八八年）：テレビゲーム的突然死のハイパーリアリティ、あるいは、長野まゆみ『テレヴィジョン・シティ』（一九九二年）：《システム》の不可能な外部としての海辺のブルー、あるいは、『新世紀エヴァンゲリオン』第二十四話：シンジとカヲル、分身の供犠――いや、供犠の分身たちを交えるリゾームとしての、別名の囀り《チャット》により、手札が組み変わるアディクションの、たとえば弔いもまた、謀り始め

ている、あるいは、

5　ジャック・デリダは言う、「いずれにせよとにかく食べねばならない［il *faut bien* manger］」のだから、「問題は、いかに正しく（善く＝適切に＝快適に＝美味しく）食べるべきか［*comment* faut-il *bien manger*］ということになる」[6]。残酷なジョニー・ウォーカーは猫の心臓を食べるが、主宰者として珍味を独占している。デリダによれば、「けっして自分だけで食べないこと、これが「正しく食べなくてはならない」の規則だ[7]」。食べものは、「分有」されなければならない。他者たちへ「贈与」すること。また、「正しく食べる」とは「美味しく食べる」ことでもあり、殺るからには、存分に味わうべきである。食の楽しみは、残酷ではなく――ムダに残さず！――酷薄である。魚たちは、「新鮮で、うまそうだった」（上・二九二頁）。複数のイサクとしての魚たちは。星野青年とナカタさんが、朝飯を共にする。「焼き魚定食、卵焼き、二人前。ひとつ大盛り！」（上・三五八頁）。同じメニューを別の盛り《マウンド》で、別の強度で――を、別名で保存すること、傍に配備《マウント》したドライブに。

6　三十五歳は、短編「プールサイド」において「人生の折り返し点」とされる。『ねじまき鳥クロニクル』と『1Q84』で舞台となる一九八四年は、春樹が三十五歳の年である[8]。その前年、「プールサイド」が発表された一九八三年に、任天堂からファミリーコンピュータが発売された。好景気に乗った消費の美学化を、糸井重里が「おいしい生活」と表した年である。春樹流「デタッチメント」、資本のスペクタクル、そして8ビットへの解離。僕は五歳である。五歳問題——「成人の性生活の最終的な形態は、小児の性の最終的な（五歳頃の）形態に近似したものである」[9]とは本当だろうか。部分対象のとっかえひっかえに、ある一貫性《コンシスタンス》を与えること。ジャズ喫茶文化に浸っていた父のリスニングルームで——威嚇的なＪＢＬのウーファー、柔らかそうな盛り上がりに触れることを禁じられて——、母と一緒にお絵かきをしている、エキゾチックな多のコレクションとしての。哺乳類、ではなくカイロウドウケツやスプートニクや手術室やボルボックスを、ひらがな、ではなくローマ字で、キャプションをつけて標本化しサインしている。アルファベットの大文字、ＪＢＬの大っきな音、『グレムリン』のクリスマスと『ゴーストバスターズ』のニューヨーク、

7　ナカタさんがジョニー・ウォーカーを殺し、少年の父が殺されたとき、少年は想像外の決断として「タフ」になってしまっている、酷だとしても残りの生をコンティニューする（去勢、主体に斜線で悲劇の象徴的な筋を通す）。と同時に、少年＝プレイヤーとは別のしかたで、星野青年が並走していく。星野青年はナカタさんを歓待し、ナカタさんの複数の息子たちになる。そして彼は、旅のさなかに新しい欲望を見つけ、彼自身が、諸々の欲望する組み変わりと-なるかのようである。「スポーツ欄で中日ドラゴンズの勝敗をチェックし」、「ジャッキー・チェンが主演する新しい映画」を観て、寿司とビール、パチンコ、その後「古風な喫茶店」でベートーベンの『大公トリオ』に出会う。トリュフォーの映画を観て、「ハイドンの協奏曲、一番。ピエール・フルニエのチェロ」。ドラゴンズとベートーベンと……と、との解離／連合。「すごく自然な音がするね」（下・一七四頁）

と彼は評する。自己の喜ばしい危機における批評（以下）――迷彩をまとう、スパイ＝批評家としての星野青年。

8　日比野克彦をまねて、セロテープでつぎはぎする、諸々のシミュレーションを。一貫したコレクターであることよりも、自分自身がコレクションそのものになること、諸々のシミュレーションの、一貫性というより共立性《コンシスタンス》が《問題》であったかのように。ゲームのルールも、主人公もプレイヤーも《問題》ではない。ただ、重なりあう「スプライト」たち――「キャラクター」未満のその佇まい――の平らなコレクションに‐なる。

9　少年はレディオヘッドの「Kid A」を聴いている。他方、ナカタさんの記憶喪失は、文字通り、『Amnesiac』（二〇〇一年）を連想させる。空廻りするようなポリリズムで始まる一曲目、何事かの反復。二曲目「Pyramid Song」での再開、そのイントロ――ピアノで打つ弔鐘に導かれ、ヴォーカルは主体性の曙光を反復するかのようで、ストリングスのトレモロは解読できない言霊めいたものを交わしている。ヒエログリフの残響。再開する、ふっかつのじゅもん。『ドラゴンクエストⅡ　悪霊の神々』（一九八七年）、五十二字のひらがなを入力するときのＢＧＭ、そのタイトル「Love Song 探して」を知って、ひどく狼狽した覚えがある。否認する、歌謡曲の恋愛性を、別名で保存する。「（……）ナカタさんは部屋の隅に座って、丸い白い石に向かってなにごとかをぶつぶつ語りかけていた」。その傍らで、星野青年は『大公トリオ』を聴く。「二人はひとつの部屋の中で、それぞれの作業に没頭していた」(下・二二七頁)。ロビンソンとフライデーのように? 彼らのあいだで、Love Song それ自体のふっかつのじゅもんは、どうなっているのか。

10 カタストロフィーをめぐるコレクションではなく、カタストロフィーそれ自体をコレクションにしてめぐらなければいけない。否認の徹底だろうか? 否認の否認だろうか? 知覚の外で頻発するクライマックスのような、回文的な事柄のあいだで、謀り始めている、もはや時間が与えられていない瞬間、海岸線で通過していくたとえば、いくつかのレディメイドへ合図を送っている、

11 アブラハム、「信仰の騎士」になること。ありふれたものとしての。ドゥルーズ&ガタリは言う、「人目を引かずにいるというのは容易ならざることだ。アパートの管理人や隣人からも気づかれずにいる」[10]。気配を残さずに活動し、戦場から蒸発する。テロリストの狡知よりも見分けがたい祈りのテクニックで、ナカタさんと星野青年は、網膜から解離する。もはや時間が与えられていないアポリアの瞬間で、それでも動ける海辺の余地を繰り広げる、いまここ、と識別不可能な更新履歴を。

12 春樹の小説がRPG的であるとして[11]、むしろ逆に、春樹的なポッピズムとも無関係でないだろうRPG、糸井重里の『MOTHER』(一九八九年)——鈴木慶一によるそのサントラの、一曲目「Pollyanna」のヴォーカル・アレンジが、僕にとって洋楽的な何かの初体験だった——は、平凡な

物や人や動物が襲ってくるホラーである。殺さずに、やっつける。敵は「おとなしくなる」、「われにかえる」等々。自分たちも死なず、「いしきふめい」にしかならない。同年のガイドブック『マザー百科』において、高橋源一郎は、この設定に「なにより一番感心した」と言い、ヨーロッパ的な「生と死の垂直移動」ではなく、フロンティアへ「水平移動」していく、というアメリカ的な文学性の「後味がいい」ゲーム化を讃えている。[12] だが、僕が戸惑ったのは、世界《マップ》のアメリカ化がすなわちホラー化であること、すべてがもはや死ねないゾンビと化すことである。『ドラクエ』か『MOTHER』か、雄々しい供犠か女々しい不死かという選言を分かつのは、供犠ならざる殺しとしての消すことだろうか。[13] しかし残酷な《最終的解決》としての全滅ではなく、消すこと。いくらかは大義があるシューティングやアクションでもなく、ただ純粋に明滅することのゲームを別名で救済《セーブ》する。僕たち自身のピクセル群がすべてではなく消され／別のしかたで点るときの酷薄な速さで、側転する《倒錯する》こと。

13 「神でも仏でもないが、多少のコネクションがないではない」（下・一〇一頁）というカーネル・サンダーズ、哲学を専攻する風俗嬢、星野青年の三人は、核家族の残酷さを置換する酷薄なスパイたちの組《クミ》である。神社の境内で天皇を茶化すカーネル・サンダーズは、象徴解約の作戦を婉曲しているかのよう、であり、フェラチオの後で「精液の残りを舐めてとりながら」女は、歴史の鬱積を「うっひふほひおふ」（『物質と記憶』）と暗号——ふっかつのじゅもん——化した別名で保存するかのよう、である（下・七七頁）。星野青年が、ナカタさんの死後、死体の口から出てくる

「白いもの」を殺すことは、重畳する供犠を回し損ねるために、供犠の犠牲の闕下で、暗殺をすることである。小泉義之が言うように、殺すことは必ずしも「死体化」ではない。「他人を殺すことは、他人という社会的な〈人格・人物〉や他人の〈人生〉を消去することである。誰かを殺したいという欲求は、誰かを消去したいという欲求であって、誰かを死体にしたいという欲求ではない」[14]。だが、特定のターゲットを死体化しないにせよ／するにせよ、それだけを殺ってみても、「舞台」がそのままであれば、同じ役割《ロール》の代理者が現れるだろう。「舞台を破壊するか、舞台から降りてしまう」ことが必要である[15]。「諸君、焚き火の時間だ」（下・四〇八頁）。「白いもの」の死体を海辺で燃やすのは、残酷さの舞台そのものを酷薄に消すためである。残り火を消すためのその火を、波打ち際の薄青とのあいだで「諸君」へと分光させる。巧く《美味く》やらなければならない、そしてたとえばの組み変わりとして——食べる、文字通りに、別名で保存する。

（1）ティモシー・リアリー『大気圏外進化論』菅靖彦訳、リブロポート、一九九五年、二三一－二三二頁。
（2）同前、二三六頁。
（3）同前、二九五頁。
（4）ジャック・デリダ『死を与える』廣瀬浩司・林好雄訳、ちくま学芸文庫、二〇〇四年、一五〇頁。
（5）稲垣足穂「タッチとダッシュ」、『天体嗜好症』河出文庫、一九八八年、一二五頁。
（6）ジャック・デリダ「「正しく食べなくてはならない」あるいは主体の計算」鵜飼哲訳、『主体の後に誰が来るのか？』ジャン＝リュック・ナンシー編、現代企画室、一九九六年、一七七頁。
（7）同前、一七七－一七八頁。

（８）春樹の「三十五歳問題」については、東浩紀『クォンタム・ファミリーズ』新潮社、二〇〇九年、二七－二九頁。
（９）フロイト「幼児の性器体制（性理論への補遺）」、『エロス論集』中山元編訳、ちくま学芸文庫、一九九七年、二〇三頁。
（10）Gilles Deleuze et Félix Guattari, *Mille Plateaux*, Minuit, 1980, p. 342.（ジル・ドゥルーズ＆フェリックス・ガタリ『千のプラトー』宇野邦一・小沢秋広・田中敏彦・豊崎光一・宮林寛・守中高明訳、中巻、河出文庫、二〇一〇年、二四九－二五〇頁。）
（11）斎藤美奈子「村上春樹――ゲーム批評にあけくれて」、『文壇アイドル論』文春文庫、二〇〇六年。
（12）エイプ編『マザー百科　新装復刻版』小学館、二〇〇三年、一三二頁。
（13）アガンベンが論じるところの、犠牲化不可能かつ殺害可能な「ホモ・サケル」。ところで『MOTHER』には死と喪を扱うエピソードもあるので犠牲とまったく無縁とは言えないし、最終的な敵は宇宙人＝他者であり、それを鏡として地球の《私たち》を反射＝反省することが物語の大義となっている。
（14）小泉義之・永井均『なぜ人を殺してはいけないのか？』河出書房新社、一九九八年、一一九頁。
（15）同前、一二五－一二六頁。

# Ⅵ
# 性

# マラブーによるヘーゲルの整形手術――デリダ以後の問題圏へ

## 1　マラブーの戦略

カトリーヌ・マラブーは、ジャック・デリダの指導下で博士論文『ヘーゲルの未来――可塑性・時間性・弁証法』を仕上げました（その出版は一九九六年、ジル・ドゥルーズが亡くなった翌年です）。このことは、二十世紀末から二十一世紀へと大陸哲学を延命させるための、実に戦略的なふるまいであったと言えるでしょう。周知のとおり、二十世紀後半のフランス哲学、いわゆるポスト構造主義の面々は、ヘーゲルにおける「矛盾」とその「止揚」、つまり二項対立を高次の同一性へ回収するというエコノミーから逃れるような「差異」のリアリティを問おうとしました。ジル・ドゥルーズが言う「微分化＝差異化 différentiation」、ジャック・デリダが言う「差延 différance」――そうした発案をよく理解しながら、しかしマラブーは、ヘーゲルをあえて復権させようとします。ヘーゲルの過小評価をまさしく「脱構築」する――同一性のエコノミーに閉じたものとして批判されてきたヘーゲルの弁証法的体系が、ポスト構造主義と共に／の後で、再活性化されるべき差異の概念を持っていたことを示してしまうのです。マラブーによれば、ヘーゲルのいわば可能性の中心をなすのは、「可塑性 plasticité」という概念です。その射程は、実のところ、狭義のヘーゲル研究を遥かに超えている。マラブーは、きわめて野心的なのです。後の『わたしたちの脳をどうするか』（二〇〇四年）や『エクリチュールの夕暮れにおける可塑性──弁証法、破壊、脱構築』（二〇〇五年）になると、可塑性こそが、グローバル資本主義への抵抗という課題において、デリダの差延よりも効果的であると明言するようになる。[1] つまりマラブーは、ポスト構造主義以後という時代意識をはっきりと持っているわけです。

さて我々は、マラブーのこうした時代意識を、どれくらいシリアスに受けとめるべきなのでしょうか。彼女は仕事盛りですから、もちろん歴史的評価は定まっていないわけですが、少なくとも僕としては、その挑発を愚直に受けておこうと思っているんです。日本はデリダの信奉者が多いわけですが、そうした人たちからすると、ヘーゲルの脱構築という企みはいいとしても、ポスト・デリダとしての自己主張はいささか乱暴ではないかと見えるようです。けれども、それはそれで結構なことではないか。もし本当に、ポスト・デリダと見なしうる差異の哲学があるとしたら──そう仮定することで、思弁的関心をそそる問いが色々と浮上してくるからです。マラブーが言う可塑性の哲学と、デリダが言う哲学の脱構築とのあいだに立ってみることは、ひじょうにおもしろい思考実験なのです。

ところで、後ほど検討しますが、ここにはドゥルーズも絡んできます。デリダに対しては後継者かつ対抗者としての自己主張を憚らないマラブーですが、ドゥルーズとの関係はそれほどはっきりしていません。たとえばマラブーは、ドゥルーズのヘーゲル嫌いを脱構築して、むしろ両者を近づけてみせるというアクロバティックな論文を書いています。[2] そこにはヘーゲルのポテンシャルを見抜けなかったドゥルーズへの批判があるわけですが、他方、ドゥルーズの言う差異化、とくにガタリとの共著『千のプラトー』における「生成変化 devenir」が、（マラブーによって再解釈された）ヘーゲルの弁証法と共鳴しうることを示唆しているので、これはドゥルーズへのオマージュでもあります。後ほど紹介しますが、『ヘーゲルの未来』では、中心問題のひとつである「習慣」をめぐってドゥルーズの『差異と反復』が援用されているし、『わたしたちの脳をどうするか』では、ドゥルーズこそが先駆的に脳について考えた哲学者であると評されてもいます。彼女のところに留学して以来、僕はずっと、マラブーが言う可塑的な「変形 transformation」や「変態 métamorphose」とドゥルーズが言う生成変化とが、どこまで重なっており、どのくらい違うのかを考えています。

## 2　形成的可塑性と破壊的可塑性

以上、デリダおよびドゥルーズとの継承／対抗関係をラフに押さえたところで、可塑性の概念をはっきりさせましょう。マラブーによれば、可塑性は、「（……）形を受け取る能力（たとえば、粘土が「可塑的」であると言われるように）と、形を与える能力（造形芸術や形成外科［les arts ou la chirurgie plastiques］におけるように）を同時に意味するのである」[3]。したがって可塑性とは、受動的かつ能動的なのです。これは一見したところ矛盾していますが、それを止揚するのがポイントです。とりわけ脳を構成するシナプスの可塑性をモデルにすると、わかりやすい。脳は、様々な出来事によって触発されるわけですが、それを記憶＝痕跡化するために、シナプスの伝達効率を変化させ――ときには新しい神経を生成させもして――自らのネットワークを変形・変態させるのです。このように受動的かつ能動的である可塑性こそが、『ハイデガー変換器――哲学におけるファンタスティックなものについて』（二〇〇四年）によれば、存在の本質的ダイナミズムにほかなりません——存在者は、出来事による触発を受け、自らを変形・変態させつづけることによって存在するのです[4]。

とはいえ、どうにでも変われるわけではない。マラブーによれば、可塑性は、状況に応じていくらでも異なった存在のしかたになること、しばしば「柔軟性 flexibilité」と呼ばれることではありません。柔軟性は、たんに受動的であり順応的でしかない[5]。しかし可塑性には、能動的な抵抗性があるのです。可塑的存在者には、有限性があると言ってもいい。どういうことでしょう。存在者がすでに持っている形態は、異なった形態への変化に抗います。ですから存在者が、ひたすら柔軟にどうにでも変わること——グローバル資本主義における労働の流動化によって強いられる要請——には無理があります。現実的にありうる変形・変態とは、制限なしで柔軟なのではなく、既存の形態による抵抗を保持かつ破棄（＝止揚）するようなプロセスでなければならない。このことが、可塑性の条件なのです。言い換えるなら、既存の形態に別れを告げるにしてもその記憶＝痕跡を捨てることはなく——いわば既存の形態に喪を捧げつつ——、異なった形態へと変わっていくという弁証法的な歴史ということです。

さて、こうした可塑性の弁証法をそのリミットにまで激化させると、「破壊的可塑性 plasticité destructrice」というテーマに至ります。マラブーは、可塑的《プラスティック》という言葉に「プラスティック爆弾」という意味合いを込めてもいる。形態の爆発的な消滅かつ刷新を経て、生き延びること——これに関しては、『新たなる傷つきし者——フロイトから神経学へ　現代の心的外傷を考える』（二〇〇七年）という著作で、とくに脳損傷やアルツハイマー病などによる人格変容がその具体例として論じられているのですが、詳しくは後ほど説明します。ともかく、ここで確認しておきたいのは、可塑性には、形を受け取り／与えるという形成力と、形を爆発させる破壊力があることですが、最終的に、これらは互いを条件づけ合うことになって止揚されます。

少しだけドゥルーズとの対比をしておきましょう。ドゥルーズが言う生成変化もまた、他のものに変化することではありますが、おそらくマラブーの目からすると、ドゥルーズの言説は十分に具体的ではなく、脳の可塑性のような唯物論的次元をきっちり射程に入れていなかったと見えるのではないでしょうか。マラブーは、ドゥルーズの生成変化論から少なからぬ着想を得ていると思いますが、それをいっそう唯物論的な考えへと錬成し、かつそこに、爆発的破壊——を生き延びること——としての否定性というヘーゲル主義者ならではのアレンジを加えるわけです。

## 3 ヘーゲル＋ハイデガーの内在的他者論

『ヘーゲルの未来』へと入っていきましょう。この博士論文は、かなりの力技であると言いたい。可塑性という概念は、たしかにヘーゲルのテクストに現れるものの、それほど多用されているわけではありません。マラブーは、おそらくこの概念を、萌芽的なかたちであらかじめ直観していたのであり、その上でヘーゲルを再読したのではないかと思われます。『ヘーゲルの未来』がやっていることは、文字通りヘーゲルの整形手術なのです。先行世代と比べるなら、デリダによる哲学史の脱構築的読解、そしてドゥルーズによる倒錯的読解——過去の哲学者のオカマを掘り、潜在的な私生児を孕ませるという読解――をふまえて、マラブーはまさしく「可塑的読解 lecture plastique」――整形手術的読解――というスタイルを打ち立てようとしています[6]。

さて『ヘーゲルの未来』において中心問題をなすのは、時間です。マラブーは、ヘーゲルにおける時間の弁証法的展開を、「voir venir」というフランス語のイディオムによって説明する――これを西山雄二さんは「予見＝不測」と訳しています[7]。「未来 avenir」（来るべきもの）を予見しつつも、しかし不測の出来事によって驚かされるという矛盾を示すイディオムです。言い換えるなら、未来への視覚を持つと同時に、盲目でもあるということです。こうした矛盾を引き受けることが、そこで未来が開かれていく時間の突端、歴史の波頭に立つということに他なりません。あらゆる出来事がつねに受け入れの準備をされていながらも、しかし決定的なアクシデントとして到来するというのです。

ハイデガーは『存在と時間』第八二節で、ヘーゲルが言う絶対知において完遂されるのは、結局のところ「通俗的時間了解」、つまり「今」の連鎖としての時間でしかないと見なしました[8]。マラブーは、こうしたハイデガーの解釈に真っ向から反対します。ヘーゲルは実のところ、ハイデガーが考えようとした「本来的」な時間をすでに問うていたのだと評価するのです[9]。たんなる「今」の連続ではなくて、時間発生としての未来の到来を、出来事に対する「予見＝不測」、つまり視覚と盲目の止揚として捉えるのです。

こうしたマラブー＝ヘーゲルの出来事に対する態度は、他の哲学者と比較してみると、いっそう明確になるでしょう。とくに対照的なのは、レヴィナスだと思います。周知の通り、レヴィナスにおいて中心問題であったのは、「全き他者」でした。私の――その「内存在＝利害 intéressement」の――同一性を絶対的に「超越」する全き他者への「応答可能性＝責任 responsabilité」[10]……。マラブーは、こうした他者論とは一線を画します。私は「voir venir」によって、到来するものを予見しているわけですから、それは全き他者なのではなく、つねにすでに、ある程度は私の同一性のエコノミーへと回収されている――にも関わらず、不測の、決定的なアクシデントが到来するのです。これは矛盾した主張ですが、この矛盾によって問われるのは、同一性のエコノミーを超越するのではなくそこに内在しつつ、内側からエコノミーを驚かして変形・変態させてしまう出来事の他者性なのです。マラブーはつまり、超越的他者論を採らないのです。このスタンスは『エクリチュールの夕暮れにおける可塑性』で明言されており、そこでマラブーは、レヴィナスとデリダを並べて批判しています。レヴィナスとデリダの思想は、つまるところ、いずれも超越的他者論であって、それらは最終的にある種のメシアニズムに訴えて準‐宗教化してしまう。[11] こうした――ユダヤ的な――方向性にマラブーは抵抗し、内在的他者論を考えようとするわけです。レヴィナスにとって、存在論は――ハイデガーの政治的失敗が示しているように――どこまで行っても暴力的な同一性のエコノミーでしかないのであり、「存在するとは別のしかたで」の、ないし「本質の彼方」としての倫理を問うことを第一としなくてはならぬ、という話になるわけですが、しかしマラブーは、そのような別のしかた、彼方を決して目指しません。存在するしかたが、その本質が、彼岸ではなくこの場所、この時において、他なるものへと変形・変態してきた・している・していくことを、それだけを肯定するのです。[12] ヘーゲルの体系そしてハイデガーの存在論がいかんともしがたく同一性に閉じていると言われてきたことを逆手に取って、マラブーは、両者をつないだところに内在的他者論を見出してしまうのです。

## 4　ベルクソンをめぐるドゥルーズとの比較

こうしたスタンスは、ベルクソンに由来するドゥルーズの内在主義にかなり近いように思われます。けれどもマラブーは、ドゥルーズとは違って、内在性という措辞を切り札として使うことがありません。このあたりにドゥルーズから距離を取りたいという気持ちがありそうです。なぜでしょうか。ドゥルーズは、ベルクソンの再解釈にもとづき、自己矛盾をしない差異化、ひたすら肯定的である差異化を考えようとしました。しかしマラブーは、もちろんヘーゲル主義者として、たえず自己矛盾しつつ変形・変態していくという差異化を考えたいわけです。ここで狙われているのは、ひじょうに微妙なスタンスです。マラブーは、おそらくベルクソン的持続のいたるところに、出来事への驚きがもたらす自己矛盾の亀裂を入れるのですが、そのとき、持続の持つ連続性と亀裂による非連続性とを止揚することで、驚きに切断されつつも生き延びていく持続として差異化のプロセスを考えるのです――ベルクソンのヘーゲル化、ヘーゲルのベルクソン化という整形手術……。ところで、他方のドゥルーズは、ヘーゲルではなくニーチェに依拠して、ベルクソン的持続の、いわば肯定的にすぎるがゆえに政治的に危なっかしい連続性に亀裂を入れています。あらゆる存在者をただひとつの宇宙の持続へと包摂するというベルクソン主義は、ファシズムにつながりかねません。しかしドゥルーズは、自己同一性をいくつもの仮面へ解体するというニーチェ主義を介入させることで、持続の一元論を砕いて多元論にし、かつそれでも——ひび割れた——「個体」がどうにかミニマムな「健康」を持って生き延びられると考える、いや「信じる」のです。事ここに至ると、ドゥルーズとマラブーの狙いは、かなり重なっているように思われます。

マラブーは、弁証法的矛盾を、デリダが言う「亡霊」のようなものとして、生の哲学に「憑依」させているのだとも言えるでしょう。肯定的にすぎる生の哲学がファシズムに行き着くのだとしたら、亡霊的な死のモメントによってそれに抵抗するのです。僕の考えでは、このことが、破壊的可塑性というテーマにつながっている。

## 5　ギリシア的実体と近代的主体の分節＝連接《アルティキュラシオン》

では、あらためて『ヘーゲルの未来』のコンストラクションを詳しく見ていきたい。それを支えるのが、ギリシア的実体／近代的主体という二つの柱です。以下、僕なりの整理をしてみます。ヘーゲルの『エンチクロペディ』第三部『精神哲学』に含まれる「人間学」は、元素的な魂がしだいに自己区別化し、個体化していくというプロセスから始まります。興味深いのは、ヘーゲルが、個体性が安定化するまでの途上に、白痴や狂気や夢遊病といったトラブルを認めている点です。そうした危機をくぐり抜けて、魂はしっかりと個体化するのですが、それを可能にするのが「習慣habitude」です。ギリシア語ではヘクシス（ἕξις）ですね。ここでちょっと布石を打つならば、ヘーゲルが「人間学」で、夢遊病者は手紙を書いて封をすることまでやってのけると書いている部分に注意しておきたい[13]——この布石は、後ほどデリダと比較するときに効いてきます。ともかく、習慣化の途上には、無意識によって書かれる手紙の時間、あるいは郵便的なエラーの時間が潜在しているのだと指摘しておきたい。

そこでマラブーは、アリストテレスの『霊魂論』をめぐるヘーゲルの解釈について再評価をします——そのポイントは、アリストテレスが言うヌース（νοῦς）つまり思惟が、作用を受けること《パスケイン》（πάσχειν）と生み出すこと《エネルゲイン》（ἐνέργειν）、つまり受動性／能動性を、根源的に統合していると見なすことです。この哲学史的背景が、形を受けとりかつ与えるという可塑性の二重性を支えている。そして、パスケインとエネルゲインの根源的総合が、まさしく習慣をつけるということの本質です[14]。習慣をつけることを、フランス語のイディオムでは「contracter l'habitude」と言います。このコントラクテは「縮約」すると訳せる。実のところドゥルーズは、『差異と反復』第二章で「時間の三つの総合」を提示するにあたり、まずもって、第一の時間性である「現在」は、「contracter l'habitude」によって総合されると言っているのですが、マラブーはこの文脈を参照しています。様々な出来事が起こるなかで「反復」が生じると、そのセリーが「縮約」されて、それに応じた「習慣」が作られる。ドゥルーズによれば、それこそが身体と思考——の安定した個体性——を成立させる「生物《ビオ》‐心理学的《プシシック》」なプロセスだとされます。たとえば、目という器官は、光の波を縮約したものである[15]。出来事が反復されると、それに応じた身体の傾向的体勢《ディスポジション》が受肉するのです。そうして身体が作られると同時に、最もベーシックな思考、原‐思考がトリガーされる。ドゥルーズと同様、マラブーにおいてもまた、可塑的習慣化とは、身体と思考を同時にないし並行的に——スピノザ主義的な意味において——生成する、生物‐心理学的なプロセスなのです。まさしく、反復される出来事への対応を、シナプスの重みづけを変えることで学習していくという脳の可塑性です。この現代的なトピックが、遥かに遡るならば、ヌースにおけるパスケインとエネルゲインの根源的総合へとつながっているわけです。

　習慣をつけるということが、私たちの生を支えている。ですが、ヘーゲルの「人間学」によれば、私たちは老人になると、あらゆることが習慣化してしまい、無感動になっていく……。習慣化は、そのリミットにおいては、疎外化である。私たちは、習慣によって生きたままで殺されもするのです。ここで、二つの存在のしかたが分節＝連接《アルティキュレ》されることになる――『ヘーゲルの未来』は、習慣の肯定性によって生きる「ギリシア的実体」を説明した上で、いましがた述べた習慣の否定性、すなわち生きたままでの死について指摘し、そして「近代的主体」の発生へと論を進めるのです[16]。近代的主体とは、疎外化をその本質とするものです。これをヘーゲルは、キリスト教の三位一体をめぐる解釈において示しています。すなわち、自己＝父から出発し、磔刑にされる子への疎外化において神はいったん死にますが、聖霊を介してその死がさらに否定される。自らの死の死を否定の否定として遂行する神の生き延びが、三位一体の本質である。こうした神のあり方が、マラブーによれば、ヘーゲルにおいて近代的主体の構造を示しているのだとされます。

（a）ギリシア的実体は、習慣によって個体化するわけですが、（b）習慣の殺す力によって個体性が自らを疎外化、否定するというリミットへと至った上で、（c）その否定をさらに否定することによって近代的主体へ変形・変態するということです。ギリシア的実体は、形を受け取り／与えるという可塑性の形成的側面に、近代的主体は、形が爆発してもなお生き延びるという可塑性の破壊的側面に、それぞれ対応していると言えましょう。重要なのは、この両者が、区別されながらも弁証法を成して止揚されるということです。可塑的プロセスというのは、生きながら死に、死んでもなお生き続けることである――およそこうした考えに、破壊的可塑性というテーマを考える必然性があります。

## 6 破壊的可塑性と精神分析

破壊的可塑性について具体的に論じた『新たなる傷つきし者』へと移りましょう。その要点は、基本的には、とてもシンプルなものです。フロイト以来の精神分析は、脳損傷やアルツハイマー病といったマテリアルな脳のトラブルを、そのマテリアリティにおいて真正面から扱ってこなかったというのです。しかしこのような批判は、あまりに素朴であると見えるかもしれません。そもそも精神分析のオリジナリティは、心のトラブルを、徹底して、器質的ではなく心因的なものとして考え、無意識という次元を自律的な情報ネットワークとして示した点にあるわけですから。しかし今日では、器質的な次元つまり脳神経は、決して固定的なものではなく可塑的なネットワークであるとわかっています。いわば、無意識の戯れと脳神経の戯れが、スピノザ的並行性をなしていると見なせるようになってきた。そうした現状においてマラブーは、精神分析による心の描像と、神経科学による心の描像とを改めて比較し、後者についての哲学的解釈を試みるのです。

一方で、精神分析は、心というものを連続的なアーカイブとして扱ってきました。私の心は、無意識的に、あらゆる過去の痕跡を保存しているのであって、原理的には、記憶＝痕跡が決定的に失われることはない。失われたのではなく抑圧されているのだ、という話になるわけです。心のトラブルの原因は、そうしたアーカイブのなかに必ずある。トラウマをなす記憶＝痕跡が、どこかに隠されているはずだと考える。そう考えるためには、くりかえし強調しますが、心は連続的なアーカイブであるという大前提を信じなければなりません。しかし他方で、神経科学の対象である脳損傷やアルツハイマー病といったケースでは、心のアーカイブが非連続化されうる、切断されて新たに塑形されるということが、その核心なのです。[17] たとえば、身も蓋もない話ですが、何らかの事故で、棒のようなものが頭蓋を突き破り、脳神経を部分的に壊してしまったとする。そのときに、事故以前と比べて、別人になってしまったような情動や認知の変化が起こったり、記憶の欠損が生じたりする。こうした人格変容を、抑圧と退行のプロセスによって解釈することはできません。

精神分析によれば、心のエコノミーでうまく馴致できないショッキングな出来事が起こると、それがトラウマとなります。そのように外から介入してくる出来事をラカンは「現実的なもの」と呼びますが、それは、心のエコノミーのリミットとしての外部性であり、リミットである限りにおいて心のエコノミーになお従属している。現実的なものという外部性は、心の内部性の輪郭線をなすのです。しかし、神経科学が扱うような身も蓋もない事故や病変は、心の輪郭線を突き破って、その存在のしかた、本質を、決定的に変形・変態させてしまう出来事なのです。こうした考えから、マラブーは、ラカンが心のシステムとして提案した「RSI」、すなわち現実的なもの・象徴的なもの・想像的なものという三位一体に、大文字の「M」、「物質的なもの le Matériel」を加えようとしています。[18] いわば、非現実的で物質的な出来事によって心のアーカイブを切断されても、ほとんど別人と化して生き延びること——この可能性を、マラブーは破壊的可塑性と呼んでいるのです。わかりやすいのが脳損傷ですけれども、それを範例として、マラブーは、さらにPTSDや、そして現代社会の諸状況において強いられるトラウマやストレスといったものまでを、可塑的な脳神経のレベルに刻まれる「負傷」として捉えていくのです[19]。こうした負傷は、精神分析的なセクシュアリティの問題ではない。マラブーは、脳の可塑性にもとづく主体性のあり方を「セレブラリティ」と呼びます（邦訳では「脳事象」と訳されています）。セレブラリティの次元における負傷について考えること、それがポスト精神分析的な現代哲学の課題となります。精神分析的な心のモデルを可塑的な脳神経のネットワークに着地させて説明し直そうとする「神経精神分析neuropsychanalyse」も出てきていますし、フロイトの遺産は今後、いっそう唯物論的に継承されていくと思います。マラブーの説明では、いったんセクシュアリティを精神分析にとっての特権的問題として位置づけ、それとセレブラリティを区別するわけですが、僕としてはむしろ、セレブラリティの次元においてジェンダー／セクシュアリティの構成をどう考えるかということに関心がありますす。マラブーはジュディス・バトラーと仲がいいようですし、可塑性の哲学はクィア理論にもつながっているのです。

## 7　マラブー、デリダ、東浩紀

こうした破壊的可塑性の考えが現代哲学の新地平であるというマラブーの自己主張を、少なくとも僕は、いったん愚直に受けとめています。ところで、檜垣立哉さんも指摘していますが、情報系と形容できるデリダの哲学は[20]、コミュニケーションの不可避なエラーないしバグをめぐるものであり、僕の考えでは、それが一九九〇年代、インターネットの普及によってはっきりとリアリティを獲得しました。大まかに言って、デリダ、さらにはレヴィナスの、つまりユダヤ系の他者論は、安定した現前性を持つことなくズレつづける情報という考えにつながるものです。日本においては、一九九八年に出版された東浩紀さんの『存在論的、郵便的』が、現代哲学のいわば「情報論的 informatique」パラダイムを代表する仕事だと言えるでしょう。しかし二十一世紀の今日では、神経科学や再生医療といった生命科学のそれこそ爆発的な発展に応じて、「生態論的 éthologique」と形容できるようなパラダイムが問われていると思います。こうした状況下で、檜垣さんや小泉さんなどは、ドゥルーズがそうした生態論的パラダイムの先駆者であるという再評価をしてきました。僕もまたそうしたドゥルーズ観を継承する一人なのですが、さらにポスト・デリダとしてのマラブーのスタンスを――ドゥルーズと併せて――考慮するなら、「情報‐生態論的」と言えるようなパラダイムの総合が、おそらくは弁証法的なしかたで問われることになると思うのです。そこで、マラブーがどのようにデリダとの差別化を図っているかを確かめた上で、この差別化が持っている理論的射程を僕なりに展開してみましょう。

マラブーのデリダ批判がはっきりと示されるのは『エクリチュールの夕暮れにおける可塑性』です。では、デリダのどこを批判しようというのか。僕の解釈では、マラブーが狙い撃つのは、東さんの言葉を借りるならば、「否定神学的」である限りにおいてのデリダです。デリダが言う差延とは、「ズレていくこと déplacement」としての差異化ですけれども、そのズレが超越的な外部性を成してしまう恐れがあるとマラブーは見ている。[21] そして、ここに注意したいのですが、「郵便的 postal」と形容される情報伝達のエラーを扱っている文脈についても特別扱いはされません。マラブーは、デリダのテクストから「非政治経済学 anéconomie politique」という言葉を引き、デリダの思想が総体として、同一性のエコノミーの超越的外部へ向かおうとする（非－）ポリティクスを持っていたかのように整理してしまうのです。[22] ところが、東さんの解釈によると、前期のデリダには、否定神学のごとく「不可能なもの」を思考しようとして単数の超越的外部性を措定するきらいがあったのに対し、後期のデリダは、情報ネットワークのただなかにおけるエラーの結果＝効果にほかならない複数の内在的外部性、複数の不可能なものについて自覚的に考えるようになったのだと見なされます。[23] マラブーは、こうしたデリダ解釈を知りません。しかし日本から見ると、マラブーによる否定神学的デリダへの批判は、もしかすると郵便的デリダとは共鳴するのかもしれないという仮説を立てることができる。とはいえマラブーは、郵便空間において不可能なものは複数であるという論点を、おそらく好まないでしょう。というのも彼女は、複数化という問題を、ドゥルーズ／デリダ世代の時代遅れなものと見なしているところがあるからです。問われるべきは、複数化ではなく、ひとつの主体が不可逆に変わっていくことだとされるのです。しかし僕は、そこには主体が複数化するという破壊、いや破砕、たとえば多重人格へと至るような「解離 dissociation」の問題をつなげることができるのではないかと思っているのです。実際、このアイデアを彼女の自宅セミナーで話してみたのですが、多重人格のことは考えていないと言われてしまいました。けれども僕としては、東さんによって解釈されたデリダとマラブーをなんとか総合することで、可塑的プロセスのなかに解離的複数化をかろうじて潜在させてみることができると思うのです。

先の布石を思い出しましょう。ヘーゲルが『精神哲学』の「人間学」で言うように、習慣によって個体化がなされていく途上で、夢遊病者が手紙を書いて封をしてしまうようなことがあるのだとすれば、これが暗示しているのは、可塑的プロセスのただなかに、迷える情報発送、無意識的な「誤配」によって生成される郵便空間が内在しているということではないか……。

そのような見通しの下で、改めて、マラブーによるデリダ批判を詳しく見ることにしましょう。まず、第一点。『私たちの脳をどうするか』邦訳の巻末インタビューにおいて、マラブーは、デリダが考えたのは「総合なき差異化」だと言っています[24]。ということとは反対に、マラブーが問うているのは、総合のある差異化だということになる。総合とはヘーゲル的な措辞ですが、僕としてはこれを、ドゥルーズ風に「個体化 individuation」と言い換えてみたい。マラブーにとって重要なのは、つねに変形・変態しつづけながらも、ある一定の個体性を営みつづけることです。ところがデリダの場合には、様々なコンテクストへの「散種 dissémination」によって、個体性のエコノミーを失調させることに力点がある。これがエクリチュールのズレで起こる脱構築です。しかしマラブーは、ひじょうに大胆なことに、可塑性はエクリチュールを止揚すると言うんですね[25]。つまり誤配されていく諸差異を、個体性のなかに総合するというふうに考えることで、デリダの乗り越えを図るわけです。それゆえ複数化の問題が退けられるわけですね。しかし僕としては、ひとつの個体性が複数の内在的外部性を止揚しているという点を強調したいのです。

そして、第二点。デリダの言う手紙、すなわちエクリチュールないし「痕跡 trace」が、それ自体としては可塑的ではないということに対して批判がなされる。マラブーは、エクリチュールないし痕跡は、根本的に可塑的で変化可能であると考えるのです[26]。無意識のなかに刻まれる記憶＝痕跡は、脳神経ネットワークの一定の接続の形として受肉されているわけです。シナプスの重みづけが変われば、ネットワークは変形する。エクリチュールないし痕跡とは、可塑的なマテリアルが変形するときのその結果＝効果なのです。

## 8 別名への変態

この点をさらに掘り下げていきましょう。エドガー・アラン・ポーの「盗まれた手紙」に関するジャック・ラカンのセミネールには「手紙はつねに宛先に届く」というテーゼがありますが、これに対しデリダが抵抗したことはよく知られています。手紙は必ずしも宛先に届かず、手紙はネットワークの経路において分割されてしまうかもしれないというのです。このことを東さんは、固有名論を使ってうまくパラフレーズしている[27]。たとえば「アリストテレス」という固有名があるとします。それに関して、プラトンの弟子であるとか『霊魂論』の著者であるとか、そういった情報が「確定記述」と呼ばれる。一方で、固有名の内実とは確定記述の束であるという説がありますが、それに対しソール・クリプキによれば、固有名の固有性は、確定記述の集合を超過した剰余であるとされる。それがクリプキの言う「固定指示子」です。「アリストテレス」をそれとして固有化する固定指示子は、命名されて以来、確実に、私たちにまで伝達されている。クリプキの固有名は、間違いのない伝達を可能にする理念的歴史性を持ちます。そこで東さんは、次のように論を進めます――デリダが問うたのは、伝達の失敗可能性を不可避に含む――非理念的な、つまりリアルな――歴史性である。固有名の確定記述は、伝達経路において分割され、誤解をされ、バグを孕んでいく。とすれば「アリストテレス」には、たとえばプラトンの弟子ではなかったかもしれないといった、様々な「亡霊」としての「可能世界」が取り憑いていることになる。

さて、確定記述とは固有名の「同一性 identité」を規定するコンテンツですが、固定指示子とは固有名をそれとしてマークするだけの痕跡であり、それは固有名の「同じもの性 mêmeté」である。固有名は、その「同じもの性」において確定記述の容器――「コーラ」――なのですが、それは、錯綜したネットワークのなかを移転（déplacement）するうちに揺さぶられる。すると、記述の一部が歪んだり、欠損したり、新しい要素が入ってきたりして、ただひとつの正統な「同一性」は定められなくなる。しかし、ここが重要なところですが、デリダにおいて、容器としての「同じもの性」それ自体は、変化可能性を持ちません。このことが、デリダの議論にとっては欠かせない。反復可能である同じものがなければ、それが別様であったかもしれないという条件法が成り立たないからです。「同じもの性」を持つ固有名「アリストテレス」は、誤配によってその「同一性」がシャッフルされても、あくまで「アリストテレス」のヴァリアントとして反復されるのであり、その限りにおいて誤配されうるのです。

　ところがマラブーは、こうしたデリダの大前提を揺さぶろうとしていると思われます。マラブーに従うなら、痕跡、エクリチュールは、可塑的に変わってしまう。僕としては、この考えをあえて郵便的デリダと総合してみたいのです――すなわち、伝達経路において誤配され、そうして複数の可能世界を孕むことで、固有名の同じもの性それ自体が変わってしまう、まったくの別名に変わってしまうと考えるのです。仮に事実上、そのような変異体《ミュータント》が同じ名前で呼ばれ続けるにしても、その本質変成を認めるとき、それは別名を（権利上、潜在的に）持つようになったのだと言ってみたいのです。別名への変態——日本語でヘンタイという言葉は、メタモルフォーズでありかつクィアでもあるわけですが、この二重性を活かして、たとえばドラァグ・クイーンの例を考えてみたい。ある固有名を持って日常を送っている者が、夜のクラブに化粧をして乗り出していき、別名を持ったクイーンとなって存在し直す……。バトラー的に言えば、そこで開かれるのは「パフォーマティヴィティ」の次元ですが、マラブーの考えとつなぐなら、パフォーマンスというものはうわべだけの「ふり」や「ごっこ」ではなく、すこぶるリアルな変態なのだと言うべきであって、そこで肯定されるのは、存在論的なレベルでの本質変成なのです。

　マラブーのように、可塑性こそを根本として考えるなら、アリストテレスが同じアリストテレスであるままに誤配されてきた可能性をめぐるデリダそして東さんの「郵便的不安」は、変形・変態しうる痕跡が、ある程度の準‐安定状態にあって反復可能であることをその条件としていると言えそうです。「かもしれない」の郵便的不安の下には、変わってしまうことの「予見＝不測」において自らを失いつつ在るという、いわば可塑的痴呆が潜んでいるのだと僕は言ってみたい。

　マラブーの可塑的世界は下部構造であり、デリダの郵便的世界はその上部構造である。痕跡は、決してア・プリオリに反復可能なのではない。痕跡は、その可塑性が——爆発に至るまで——激化しない限りにおいて反復可能なのです。ところで『エクリチュールの夕暮れにおける可塑性』によれば、デリダが扱った「グラフィック」なものとマラブーが捉える「プラスティック」なものは、区別されながらも「変換可能 convertible」だとされる。[28] 僕はこのことを、次のように解釈していま す。一方では、プラスティックな変化プロセスが準‐安定状態に入ってほとんどストップし、反復しうるグラフィックなものを生じることがある。他方、グラフィックなものは、反復されているうちに複数の可能世界を孕むわけですが、それらが総合されて、別名へと変形・変態することがある──ドゥルーズならば「離接的総合 synthèse disjonctive」と言うような、解離を孕んだ総合による変身＝分身。

## 9　認知症的歴史哲学へ

以上のように可塑的世界／郵便的世界の変換可能性を認めることが、倫理という問題を考えるにあたって重要であると思います。デリダは、精神分析に強い執着を持っていることからもわかるように、この世界を、あらゆる痕跡を保存しつづけるアーカイブと見なしています。たとえばアウシュヴィッツでの出来事をなかったことにしようとしても、そうした抑圧の痕跡がどうしても残り、応答可能性＝責任を求めてくる。無責任でいられるような出来事など、ありえないのです。この世界がどのように流転しようとも、出来事に対する倫理的な関係は、「同じもの性」でもって──そこに様々な係争を孕みつつ──反復されるのです。

ところがマラブーに従うなら、出来事の痕跡は、変わってしまうかもしれない。ときには、爆発さえしてしまうかもしれない。以下は、あくまで僕の解釈による思考実験ですが、もしこの世界の流転において出来事の「同じもの性」が失われるのだとしたら、たとえばアウシュヴィッツをアウシュヴィッツとして反復することができなくなりうるとしたら、出来事に対する応答可能性＝責任は、どうなってしまうのか――認知症的歴史哲学とでも言うべき問題です。デリダそしてレヴィナスにとって、出来事からの呼びかけが――どれほど誤配されようとも――反復をやめることはありません（それに対する応答可能性＝責任は、レヴィナスにおいてはあくまで無限、デリダにおいては現実的に言って有限とされますが）。しかしマラブーは、彼らの大前提を崩してしまうように思われる。その方が、ある意味でリアリストなのではないでしょうか。とはいえ、全面的な無責任に開き直るわけではありません。ここにグラフィックなものとプラスティックなものの変換可能性という議論が効いてくる。無責任をリアルな大前提にした上で、準-安定状態において反復可能な痕跡がありうると認めるなら、それに対する応答可能性＝責任は、やはりありうるわけです。ところが、別名へと変わってしまったものに対しては、連続した応答可能性＝責任を持つことができない――だがそうだとしても、この変異体《ミュータント》に対しなんらかの抜き差しならぬ関係を持ち続けるとしたら、それは、たんに無責任であることを超過した、しかし応答可能性＝責任でさえもないような関係になるでしょう。それを何と呼んだらいいのでしょうか。

（1）Catherine Malabou, *La plasticité au soir de l'écriture. Dialectique, destruction, déconstruction*, Léo Scheer, 2005, p. 108.

（2）Catherine Malabou, "Who's Afraid of Hegelian Wolves?", in *Deleuze: A Critical Reader*, ed. Paul Patton, Blackwell,

1996.

（3）カトリーヌ・マラブー『わたしたちの脳をどうするか——ニューロサイエンスとグローバル資本主義』桑田光平・増田文一朗訳、春秋社、二〇〇五年、一〇頁。

（4）Catherine Malabou, *Le Change Heidegger. Du fantastique en philosophie*, Léo Scheer, 2004.

（5）マラブー『わたしたちの脳をどうするか』、一二一－一二三頁。

（6）Malabou, *La plasticité au soir de l'écriture*, p. 97.

（7）カトリーヌ・マラブー『ヘーゲルの未来——可塑性・時間性・弁証法』西山雄二訳、未來社、二〇〇五年、三八頁。

（8）マルティン・ハイデガー『存在と時間』細谷貞雄訳、ちくま学芸文庫、下巻、一九九四年、四〇八－四二〇頁。

（9）マラブー『ヘーゲルの未来』、二八三－二八四頁。

（10）エマニュエル・レヴィナス『存在の彼方へ』合田正人訳、講談社学術文庫、一九九九年、第一章。

（11）Malabou, *La plasticité au soir de l'écriture*, p. 83, 89.

（12）*Ibid.*, pp. 79-80.

（13）ヘーゲル『精神哲学』第三九八節。

（14）マラブー『ヘーゲルの未来』、七四－七五頁。

（15）Gilles Deleuze, *Différence et répétition*, PUF, 1968, pp. 128-130.（ジル・ドゥルーズ『差異と反復』財津理訳、河出文庫、上巻、二〇〇七年、二六三－二六八頁。）

（16）マラブー『ヘーゲルの未来』、一二五－一二七頁。

（17）カトリーヌ・マラブー『新たなる傷つきし者——フロイトから神経学へ　現代の心的外傷を考える』平野徹訳、河出書房新社、二〇一六年、第三章。

（18）同前、二一五頁。

（19）同前、二三九‐二四六頁。
（20）檜垣立哉『ドゥルーズ——解けない問いを生きる』NHK出版、二〇〇二年、五二‐五三頁。
（21）Malabou, *La plasticité au soir de l'écriture*, pp. 89-93.
（22）カトリーヌ・マラブー「ハイデガー、資本主義の批判者——経済という隠喩の運命」千葉雅也訳、『SITE ZERO/ZERO SITE』第零号、メディア・デザイン研究所、二〇〇六年、一三五頁。
（23）東浩紀『存在論的、郵便的——ジャック・デリダについて』新潮社、一九九八年、二一四‐二一六頁。
（24）マラブー『わたしたちの脳をどうするか』、一六八頁。
（25）Malabou, *La plasticité au soir de l'écriture*, p. 114.
（26）*Ibid.*, p. 93.
（27）東浩紀『存在論的、郵便的』、二一〇‐二一九頁。
（28）Malabou, *La plasticité au soir de l'écriture*, p. 89.

# エチカですらなく――中島隆博『『荘子』――鶏となって時を告げよ』

『『荘子』――鶏となって時を告げよ』は、「中国哲学の脱構築」と呼べるだろう中島隆博のプロジェクトの魅力が凝縮された書物である。第Ⅰ部では、まず、古今東西の様々な『荘子』解釈が紹介される。その上で、第Ⅱ部において、中島独特の読みが示される。第Ⅱ部の第一章「『荘子』の言語思想――共鳴するオラリテ」では、中島が最初の著作『残響の中国哲学』（二〇〇七年）で探究した言語の政治性を再論しており、それを受けて展開される「物化」（変身）に関しての考察は、私が中島から修士論文の指導を受けていた時期に成立したものである。荘子とドゥルーズを近づけ、かつ引き離す示唆が語られた日々を、私は生々しく覚えている。

中島の仕事は、古代から現代に至るまで中国哲学の森を駆けめぐる壮大なものだが、そこには一貫した問いが鳴り響いている――他者との共生とはどういうことか？　若き中島は、この問いが厳しく問われる戦場としての言語哲学から出発した。中島の修士論文は、『荀子』の言語哲学に対する脱構築の試みだった。『荀子』は、「正名」、すなわち言語を正すことをもって帝国の政治経済を正そうとした。そのため、言語が持つ虚偽性をなんとしても抑圧しようとした。しかし、そうした抑圧がなされるほどに、かえって言語の虚偽性がそもそも不可避であることが露呈される。そこで若き中島は、むしろコミュニケーションの不可避な失敗においてこそ、語りあう他者たちそれぞれの他者性が肯定されるのだと結論するのである。

中国の言語哲学が究極的に願うのは、言語の虚偽性を恐れるあまり、ついには言語を抹消し、純粋な、透明なコミュニケーションを実現することであった。『荘子』の「外物篇」にある「蹄筌《ていせん》の故事」は、そうした願いを示すものとして読まれてきた。中島による翻訳で引用する――「筌は魚をとらえる手段で、魚を手に入れれば筌を忘れる。蹄は兎をとらえる手段で、兎を手に入れれば蹄を忘れる。言は意をとらえる手段で、意を手に入れれば言を忘れる。わたしはそのような忘言の人と出会って言葉をかわすことがどうしてできようか」(中島隆博『『荘子』――鶏となって時を告げよ』岩波書店、二〇〇九年、一一二頁。本稿中の引用頁数はすべて同書)。言語は、言わんとすることを伝えたならば、忘れられるべき手段にすぎない。それゆえ、「忘言の人」との言語なきコミュニケーション、「無言の言」という高次の(非)言語こそが理想的である……。ところが中島によれば、「蹄筌の故事」は、むしろ言語の抹消不可能性をめぐるアイロニーとして解釈されるべきなのだ。一方で、言語がなければ言わんとすることを伝えることはできない。だが他方で、言語によって言わんとすることの純粋さは損なわれてしまう。それゆえ、ついには言語を抹消したくなるのだが、「そのような忘言の人と出会って言葉をかわすことがどうしてできようか」――いや、できない。

出会いの現前性を純化しようとすれば、もはや他者たる他者と出会うことはできない。他者たる他者との出会いは、不純に媒介されたものでしかありえない。これはジャック・デリダの主張と同じである。言わんとすること(パロール)の現前性そのものなどありえず、あらゆる自他のコミュニケーションは、つねにすでに、媒介（エクリチュール）によって歪められたものでしかないのだが、それでよいのであり、それだからこそよいのである——コミュニケーションの不可避な失敗においてこそ、語りあう他者たちそれぞれの他者性が肯定されるのだから。以上のような議論が、中島による「中国哲学の脱構築」の入口である。ここまでのところは、すこぶるデリダ的である。

しかし、中島のオリジナリティは、入口を通過した先にある。中島は、『荘子』の「物化」論の再読によって、アイロニカルな媒介性の他者論を超えていくのだ。コミュニケーションの純粋さと不純さのアポリアを消極的に耐えるのではなく、そのアポリアへの内在を積極的に徹底することで、純粋即不純、不純即純粋なコミュニケーションとでも言うべきものを肯定することになる。どういうことか。もはや他者との出会い損ねにおいてコミュニケーションの現前性が不純化されることを確かめるばかりではない。問われるのは、各々に自己充足している他者同士が出会い損ねる、つまりあくまで別々の存在であり続け、決して一体化しないと同時に、互いの立場を交換することになり、各々が純粋に自己であるまま、交換された他なる現前性において改めて（不）純化するという事態なのである。それはいわば、自己充足と他者への生成変化の一致である。

なぜ中島は、断固として「中国哲学」にこだわってきたのか。中国に哲学が存在してきたと認めることは、実のところ、冷徹なリアリズムにコミットすることである。そしてリアリズムの試練をくぐりながら、それでも平和のチャンスに賭けることである。

不偏不党の純粋さで知を愛すること——最も抽象的で、最も中立的なメタレベルの真理を求めること、そんなフィロソフィアが、西洋にはあって中国にはないと言われてきた。中国にあるのは、個人と家族のエートスと帝国の利益をむすぶ政治経済的言説であり、そんなものはフィロソフィアと呼ぶには不純であるというわけだ。なるほど、儒家の——哲学ならざる——「思想」とは、つまるところ統治をスムースにする「教化」のプログラムである。他方の道家にしても、あの「無為自然」とは、存在の真理であるよりも、聖人たる支配者が口出しせずとも万事うまくいくという帝国像を示すものである。中国には、存在論のような、認識論のような、言語哲学のような、美学のようなテクストが咲き乱れているが、すべてがあまりにも深く政治経済に浸かっている……それゆえ中国に哲学はない、という判定を、しかし中島は完全に反転させてしまうのだ。

むしろ中国のテクストは、哲学が不可避に持つ政治経済性、思弁することが投資することでもある（speculation）という不純さを剝き出しにしているからこそ注視に値するのである。多くの人々は、西洋哲学もまたこの不純さから逃れていないことを否認してきた。だが、洋の東西を問わず、哲学とはつねに政治経済の戦場に他ならないと見定めるのが中島のリアリズムなのである。どんなトピックを論じようとも、哲学的思弁＝投資が、政治経済へのコミットメントを免れることはない。

かといって、結局すべてはパワーゲームにすぎないと開き直るのでもない。

かつ、平和の約束は、理想化された過去において——儒家——、ないし、たえず延期される未来において——レヴィナスやデリダなどのメシアニズム——、超越（論）的に担保されていると開き直るのでもない。

戦場のただなかで、諸力の轟きのあいだにミニマムな平和のチャンスを肯定しなければならないのである。それを徹底するには、轟きの少なくとも上澄みを「公共空間」として協和させようとする——アレント——のでも不十分だ。

中島は、錯雑たる「地籟」（大地の音）へと感官を開くことを求めている。『荘子』の「斉物論篇」によれば（中島訳）、「そもそも大地の吐く息を名づけて、風と言う。風は吹かないこともあるが、風が吹くと穴という穴が激しく声を上げる。君はあのビュウビュウと鳴る音を聞いてはいないか。山の木々を揺らし、百かかえもある大木の穴という穴を鳴らす。鼻のような、口のような、耳のような、枅のような、杯のような、臼のような、池のような、窪みのような穴という穴である。その音は、水がほとばしり、矢がうなり、叱り、吸い、叫び、泣き、くぐもり、悲しむようである。前の音がウーッと鳴ると、後の音はゴオッと応えるように鳴る。微風の場合は小さく和し、強風の場合は大きく和する。激しい風が吹き止むと、穴という穴の音も止む。君は木々がざわざわと揺らぎ、そよぐのを目にしてはいないか」（一二七頁）。中島が「バックグラウンド・ノイズ」そして「根源的なオラリテ」と呼ぶこうした轟き、他者たちのナンセンスな衣擦れを聞くということ、それは、戦争の甘受でも平和の予定でもなく、戦争と平和が識別不可能な世界で、それでも他なる存在者と共存する可能性を考えることであるだろう。

そこで再考されるのが、物化である。中島訳で引用する——「かつて荘周が夢を見て蝶となった。ヒラヒラと飛び、蝶であった。自ら楽しんで、心ゆくものであった。荘周であるとはわからなかった。突然目覚めると、ハッとして荘周であった。荘周が夢を見て蝶となったのか、蝶が夢を見て荘周となったのかわからない。荘周と蝶とは必ず区別があるはずである。だから、これを物化というのである」（一五〇頁）。『荘子』における物化は、すべては自他の区別なく等しいものであるという意味での「万物斉同」の境地を示すものとされてきた。しかし中島は、この通念を退け、テクストに従って「荘周と蝶とは必ず区別があるはずである」ことを尊重する。自他の区別を無《な》みするという考えは、すべてを一括する超越的な高みに立つことにつながり、それは帝国統治の原理となる。これに抗して提示される別の物化の解釈こそが、議論のクライマックスである。

中島は、郭象による注釈を参照しつつ、「胡蝶の夢」のポイントは、他者化と自己充足——「自ら楽しんで、心ゆく」——を同時に肯定することであると考える。

荘周は、蝶になれば、蝶であることに充足する。そして、ふたたび荘周に戻れば、荘周であることに充足するだろう。自他の区別を無みせずに、他の自己と化して充足すること、ある自己充足から他の自己充足へのスイッチ、それが物化なのである。

郭象は言う、「まさにこれである時には、あれは知らない」と。

中島のテーゼは次のようなものだ。「(……)ここで構想されているのは、一方で、荘周が荘周として、蝶が蝶として、それぞれの区分された世界とその現在において、絶対的に自己充足的に存在し、他の立場に無関心でありながら、他方で、その性が変化し、他なるものに化し、その世界そのものが変容するという事態である」——そして、「(……)胡蝶の夢は、荘周が胡蝶という他なる物に変化したということ以上に、それまで予想だにしなかった、胡蝶としてわたしが存在する世界が現出し、その新たな世界をまるごと享受するという意味になる。それは、何か「真実在」なる「道」の高みに上り、万物の区別を無みする意味での「物化」という変化を楽しむということではない」(一五四—一五五頁)。目下与えられた世界に倦んで、別世界への超脱を求めるのではない。目下与えられた世界への絶対的な自己充足、ということはつまり、引きこもりを徹底することが推奨されているのだとさえ言えなくもない。だが、そうして自閉したままに異世界へと旅してしまうこと、いや、つねにすでに潜在的に旅してしまっていることが肯定されるのである。どこから来て、どこへ行くのか――さしあたりいま逗留している世界にしか関心を持てないのだから、旅路を高みから眺めやる自己意識はない。ただ、世界から世界への瞬く間のスイッチにおいて「ハッとして荘周」であるばかりなのだ。

ところでドゥルーズは、あるインタビューにおいて、「生成変化を乱したくなければ、動きすぎてはいけない」と述べ、「遊牧民とは動かない者たちのことである」というトインビーの言葉に賛同していた。これをあたかも『荘子』の一節であるかのように扱うのは、乱暴だろうか。物化としての生成変化――ある自己充足から他の自己充足へ、動かずに動く遊牧民。ドゥルーズは、ガタリとの共著『千のプラトー』で、自然の分別を超えて激化していく生成変化の旅を謳っていた。異性になり、子供になり、動物になり、植物になり、鉱物になり、微粒子になり、ついには「知覚しえぬもの」になること。

知覚しえぬものになるという生成変化の極みは、自他の区別を無みすることの謂であるかにも思われる。けれどもここで、郭象のような視点をもって『千のプラトー』を読むならば、知覚しえぬということは、「まさにこれである時には、あれは知らない」という無関心、ある自己充足と他の自己充足のあいだの無関心であり、そのまま気づかぬうちに――動きすぎないで――異世界へ旅しているという出来事ならざる出来事こそが言祝がれているのではないか……そんな着想へと導くことで、私のドゥルーズ研究を後押ししてくれた中島が、その当時、草稿段階で見せてくれたのが、最終章「鶏となって時を告げよ」である。

『荘子』の「大宗師篇」では、突然病になった人が、次のように言う（中島訳）――「ああ偉大であることよ、あの造物者はわたしをこのように曲げてしまった。背中が曲がり、五臓が上に上がり、あごがその下に隠れ、肩が頭のてっぺんより高くなり、髪のもとどりが天を指している。陰陽の気が乱れてしまったのだ」。ところが彼は、それでも「静謐」である。見舞いの者に「君はそれが憎いか」と問われて、答える――「いや、どうして憎いことがあろうか。だんだんとわたしの左腕を化して鶏にするならば、わたしは時を告げることにしよう。だんだんとわたしの右腕を化して弾《たま》にするならば、フクロウでも撃って炙りものにしよう。だんだんとわたしの尻を化して車輪にし、心を馬とするならば、それに乗っていこう。馬車に乗らなくても済むようになる。そもそも得たのも時であったし、失うのも順である。時に安んじ、順におれば、哀楽の感情も入ってこない。これが古くから言われていた縣解《けんかい》〔束縛を解くこと〕である」（一八一－一八二頁）。

どのように変身しようとも、新たな力能を発揮し、改めて自己充足する。日常の生であっても、潜在的には諸々の物化によって乱調されており、つねにすでに他なる自己充足へのスイッチを続けているはずだ。中島は、荘子とドゥルーズ&ガタリを重ねる。

『千のプラトー』にはこんな一節がある――「壁を通り抜けること。たぶん中国人ならできる。しかしどんなふうに。動物になること、花または岩になること、さらにまた、不思議な知覚しえぬものになること、愛することと一体の硬質になることによって[1]」。

物化《ウーファ》と生成変化《ドゥヴニール》は、もはや見分けがつかないかのようだ。けれども中島は、『荘子』とドゥルーズの違いを認めている。それは、『共生のプラクシス――国家と宗教』所収の「他のものになることの倫理――ジル・ドゥルーズと中国」において考察されている。[2] 中島によれば、ドゥルーズには倫理があるが、『荘子』には倫理がない。いったいどういうことか。

　ドゥルーズにおいて実践哲学の主柱をなすのは、スピノザ『エチカ』のニーチェ化された解釈である。『スピノザ――実践の哲学』においてドゥルーズは、道徳（morale）と倫理（éthique）を区別し、後者の優位を主張した。一方で、道徳とは、なすべきこと／なすべきでないことが善悪として超越的に決まっていると見なし、それに従うことである。他方で、倫理とは、「実験」としての生において、自己の活力を増すこと／減らすことが「良い／悪い」と内在的にわかっていくことである。スピノザ＝ニーチェ＝ドゥルーズは、超越的であると僭称する善悪など、結局のところ特定の政治経済的利害にもとづく歴史的構成でしかないと見切り、そんな束縛から自由になって――『荘子』で言うところの「縣解」である――、ひたすら自己充足をクライテリアとするように勧めている。これは、一見したところエゴイズムにも見えるが、そうではない。自己は、つねに諸々の他者たちと「触発」しあって共同体をなしている。自己そのものもまた、諸部分から、突きつめれば微粒子からなる共同体である。それゆえ、求められるべき自己充足とは、孤立したエゴイズムではないのであって、諸々の他者たちと互いに喜ばしく触発しあう共同体を織り成すことなのである。

　さて、中島の「他のものになることの倫理」では、以上のような倫理観を、初期のドゥルーズにまで遡って検証している。その焦点は、ドゥルーズの最初の著作、ヒューム研究『経験論と主体性』である。

ドゥルーズはそこで、「連合説」として知られるヒュームの認識論が、いかに望ましい共同体を構成するかという政治経済的関心の下に包摂されていることを論じていた。個々バラバラの感覚所与が、いかなるア・プリオリな価値づけもなしに、くりかえし入力されるうちに連合され、プリミティブな思考を作っていくというプロセス。バラバラに自己充足しているばかりの存在者たちが、それぞれの自己充足を互いに連合させることで構成される共同体。それがヒュームにおける民主主義のモデルであり、かつ、そのような民主主義のモデルあってこその認識論なのである。

政治経済的関心に浸かったヒューム像を提示する『経験論と主体性』は、すこぶる中国哲学的であるとさえ言えるかもしれない。だが、そうだとすれば、ヒュームそしてスピノザとニーチェを総合して得られたドゥルーズの倫理には、中国的な帝国化に与してしまう余地があるのではないだろうか。道徳による儒家的な教化を退けるにしても、倫理による連合は、ややもすると、道家的な自然の「道」によって一元化された帝国と化してしまうのではないか。かつてアラン・バディウは、ドゥルーズ哲学に隠された存在論的ファシズムの危うさに警鐘を鳴らしたが、そのことは、以上のような中国哲学との比較によっていっそう明確になる。では、それを認めるならば、いかなる問いをさらに問うべきなのか。自己充足の倫理を帝国化させないような別の道を問うのである。その別の道が『荘子』を貫いている。私は次のように考えた。『荘子』こそが、奇妙な言い方ではあるが、ドゥルーズ的倫理の中国的限界を超えているのである。とはいえ、ドゥルーズを改めて『荘子』的に読むこと、ドゥルーズ哲学を非帝国的な中国哲学へ化するというチャンスもまた、ないわけではないだろう――実際、「他のものになることの倫理」の結論では、ドゥルーズの投身自殺が、死によって終わるのではなく、死によって物化し、新たな自己充足を得ようとするジャンプとして解釈されている。

別の道はどこへ向かうのか。

その道標には、おそらく次のように書かれている――倫理《エチカ》ですらなく、と。

私との対話において中島は、『荘子』には倫理がないのだと、さらには、中国哲学が投げかける最も熾烈な問いとは、倫理なしでどうするかということなのだと幾度も言っていた。これはいったいどういうことなのか。以下、ひとつの解釈を示してみたい。

まず、問題となるのは次のことである――すべての物化が徹底され、存在者がたえず他なる自己充足へスイッチしているならば、出来事の痕跡を引き受け続けることができない。つまり、反復される過去がなくなる。そうすると、歴史的な責任＝応答可能性（responsabilité）は、成り立ち難い。歴史的な責任＝応答可能性を共有した歴史的な共同体は砕け散るだろう。もちろん自他の絡み合いはあるのだが、それは責任なき応答可能性とでも言うべき翻訳不可能な――文字通り、互いの翻訳不可能性において絡み合う――関係であり、それはおそらく、連合（association）というよりも解離（dissociation）の共同性――そんなものがあるとすれば――を成すのだと思われる。

倫理的に求められる喜ばしい共同性でも、倫理的に避けられる悲しむべき共同性の毀損でもない、ひたすら無感動な解離の共同体……。

「ハッとして荘周」であり「ハッとしてx」であるというスイッチは、「解離性同一性障害」による多重人格のようであり、すべての自他がそうなのだとすれば、責任を互いに反射＝反省しあうための歴史の時空は、あるとしても一時的で不安定でしかない。おそらくそうした状況こそが、戦争と平和がもはや識別不可能になった世界なのではないか——それでも他なる存在者と共存すること。それは、最低限、責任なき応答可能性において共に生き延びようとすることに他ならない。そこでは、もはや歴史的なまとまりを持った「個体 individu」ではなく、解離した「分割体 dividuel」として物化しつづける自他が、帝国化という善意＝悪意さえもなくひたすら無関心な戦争を乱発することになるだろう。そんな戦争のただなかで、ひたすら無関心な平和を希望するという、倫理ですらない希望に賭けること。

　これはあくまでも私の解釈である。けれども中島の思索が、つねに倫理の息切れを問うてきたことは確かだ。中島は、デリダ、レヴィナス、アレントから影響を受けつつも、彼らがみな、この世界にはア・プリオリに倫理性がなければならないと前提したことに不満を持っているように思われる。

　倫理の必要性を痛感するのであれば、徹底して倫理が失効した世界からどうやって倫理のようなものを再起動させられるのかを問うべきなのではないか。

　最後にひとつ補助線を引くと、こうしたスタンスは、デリダに対するカトリーヌ・マラブーのそれを連想させる。デリダの考えでは、エクリチュール、痕跡は、それ自体としては変化せずに、同じものとして反復されながら、諸々のコンテクストのあいだを「移動 déplacement」し、異なった解釈の「亡霊」に取り憑かれ続けるとされる。「差延 différance」と呼ばれるプロセスである。ところがマラブーは、それでは差異の哲学として不徹底であると批判する。痕跡それ自体がまったくの別物へ変わってしまうことを、デリダは認めていないからである。

マラブーによれば、反復による差延よりも、それ自体として「可塑的 plastique」であること、「変形 transformation」ないし「変態 métamorphose」こそが根源的であるとされる。この世界観は、『荘子』――およびドゥルーズ――のそれと通底しているように思われる。痕跡それ自体が可塑的であると認めることは、おそらく、痕跡の反復に対する安定した責任＝応答可能性が成立しないような状況を前提とすることに相当する。このことをデリダは、あくまで倫理的であろうとしてア・プリオリに禁じたのだが、マラブーの可塑性と『荘子』の物化――そしてドゥルーズの生成変化――は、身も蓋もなくその禁を解き、魔を放ってしまうように思われる。だが中島は、そこで茫然自失しながら、なおも問うてやまない――倫理のようなものは、はたして再起動されるのかと。

＊本稿は、次の著作の書評である：中島隆博『『荘子』――鶏となって時を告げよ』岩波書店、二〇〇九年。

（1）Gilles Deleuze et Félix Guattari, *Mille Plateaux*, Minuit, 1980, p. 229.（ジル・ドゥルーズ＆フェリックス・ガタリ『千のプラトー』宇野邦一・小沢秋広・田中敏彦・豊崎光一・宮林寛・守中高明訳、中巻、河出文庫、二〇一〇年、五二頁。）

（2）中島隆博「他のものになることの倫理――ジル・ドゥルーズと中国」、『共生のプラクシス――国家と宗教』東京大学出版会、二〇一一年。

# 単純素朴な暴力について

どうも、自分が長らく避けてきたらしい問いがある。それは、能動的に発揮される暴力とはどういうことかという問いである。とくに力強い男性のふるう暴力だ。僕は、そういう暴力を、解釈の迂回路を作ることで否認してきたように思う。相手を圧倒し、破壊する暴力。そんなものが本質的事実であるはずがない、と思いたい傾向が僕にはあるのだ。

最近、力強い男たちについて考察する機会があった。そのひとつは、ボディビルである。

実際自分がジムで筋トレにハマり、ボディビル雑誌を読むようになった。彼らは、繊細なトレーニング技術によって筋肉各部への意識を研ぎ澄まし、食事やサプリメントを工夫して、あたかも飼育困難な稀少生物を研究しつつ育てているかのように日々を送っている。独特に神経質な世界である。徹底的に筋肉中心の世界。それは、一種の脱主体化を引き起こしているように思われた。ボディビルダーは筋肉にその主体性を乗っ取られている。筋肉は「他者」だ。胎児のようでもある。エイリアンとしての胎児、としての筋肉を、人工的方法によって妊娠している――僕にまっさきに思い浮かぶのは、そういう女性的なイメージなのだ。

過剰な筋肥大は「男らしさ」を超えている。強い能動的な男になることではなく、徹底的な受動化が、ボディビルの本質なのではないか。ついつい、そう解釈したくなってしまう。

もうひとつの例はプロレスである。先日、縁があってプロレスについて書かせていただいたのだが、そこでも僕は、プロレスの本質は受動性であると解釈した。プロレスで競っているのは、効率的に相手を倒すことではなく、いわば「自己破壊的」な、大変に体力を消耗する技の競演であり、一種のマゾヒズム自慢をしたあげく、最終的にどちらに体力が残っているかというのがプロレスの勝負である、と。こういう解釈によって僕は、単純に相手を圧倒する能動的な暴力性の存在を無効化して、そのことにとても満足を感じるのだ。

何かが間違っている気がする。ボディビルにいそしむ（おそらくは異性愛者の）男性たちをツイッターでフォローして彼らの日常の思いを読んでいると、「素朴に」強くなりたいと信じているようでもある。『ドラゴンボール』の「サイヤ人」がそのイメージとして挙げられもする。サイヤ人になる、生粋の戦闘民族の。ボディビルに関する先の考察が正しいならば、彼らは自分を誤認していることになる。実はあれは徹底的な受動化であるのに……。

そうなのだろうか？　自分を騙しているのは僕の方なのではないか？

単純素朴な暴力が、存在するのだろうか。一方的な力の噴出。それは、本質的に「解釈」を受けつけない。解釈を受けたら、それは受動化してしまう。あらゆる解釈を撥ね返して猪突猛進する単純素朴な暴力。そのリアリティ（はそもそもあるのか？）を、解釈を生業とする人文学者は、どのように取り扱ったらいいのだろうか？

# 力の放課後——プロレス試論

プロレスの試合には非日常の興奮がある。それはもちろんそうだとしても、プロレスにはどこか、日常とつながっている感じもある。日常からプロレスへとグラデーションでつながる通路があるのだ。個人的に言うならば、幼少期からまったく運動神経に恵まれていなかった僕にさえその通路が開かれているかもしれないと思わせる、そんな親しみ、懐かしさがある。

プロレスは、プロレスラーは、おそらく我々観客にとって絶対的な懸隔の向こうにある「超越」なのではない。いまさら自分がプロレスラーになれるわけがないにしても、何らかの感情移入の余地があるのだ。プロレスの時空は、こちらに近づいてくるように感じられる。プロレスが、いつのまにかこちらのすぐそばにまで近づいていると、ふと気づくのである。

他方、プロのサッカーやテニスやボクシングやボディビルは、遠方で、それ自身の舞台だけで旋回している。それらはもっぱら、勝つために「効率性」を研ぐというシンプルな論理に依拠している。対して、プロレスラーの不敵な睨みと笑みには、「贅沢」が含まれている。すなわち、プロレスの時空は効率的でありすぎることがないのだ。効率性一辺倒ではない。プロレスの魅力は、雑多な要素が「装飾的」な複合をなしていることである。

挑発する言葉の応酬、途中の様々な迂回、大げさに演劇的な技、映画の優れたワンシーンのごとくたちまちにモンタージュされる技から技への連結……プロレスもスポーツである以上、結果としての勝敗は最も重要な枠組みであるが、それがすべてなのではない。結果のすべてではなさ、これが、プロレスが我々に与えてくれる「夢」だ。なぜ、夢なのか？

今日の「現実」は、生存競争の効率化圧力に満ち満ちている。その息苦しさはグローバル資本主義の発展においてますます悪化している。リアルな生存競争は、苦々しい意味で、結果主義的にスポーツをすることに他ならない。また、戦略論やスポーツ科学を駆使してワールドカップやオリンピックでしのぎを削るトップ選手たちは、ビジネスにおけるグローバル・エリートに対応する。そこにも「夢」があるにはある——グローバル資本主義での栄達である。しかし、プロレスに見出されるのは、結果＝利益がすべてであるかのように恫喝するリアリティから我々の「日常」を解き放ってくれる、それがすべてではない、という夢なのである。

おそらく、プロレスラーが国際的に活躍する場合、それは、グローバルな基準に照らして認められる結果＝利益がすべてではないのだという夢を、世界各地で、その全身でもって懇々と語り聞かせることなのだ（そうではなくグローバル・エリートのようにわかりやすく栄達したいプロレスラーがもしいるのだとしたら、本務を勘違いしていると言わねばならない）。

プロレスは、これからも、最短距離で勝つのではない贅沢なものでなければならない。プロレスの闘いとは世知辛さとの闘いなのであり、そこに倫理的な使命があるのだから。

コーナーから相手に向かって飛びかかる。ロープに突進して大きくバウンドする。プロレスラーのそんな定番の所作に、それだけで十分な感動がある。的確にピンポイントで相手の弱点を狙うというよりも、そういう「力の溢れ」が大げさに表出される様を観ながら、僕は、やんちゃな男の子のイメージを思い浮かべる。大きなお屋敷の石塀に勢いをつけて登り、入ってはいけないその秘められた庭のなかへジャンプする。階段があってそこから降りられるが、飛び降りることもできそうな段差、たとえば、河川敷の一段高くなったところから、飛び降りることを選ぶ――彼は誘っている、「はやくこっち来いよ」と。あるいは、校庭のブランコに立って乗り、どんどん膝で漕いでいって、ひっくり返りそうな角度にまでなる。視界がめちゃくちゃになるのを恐れることなく一気に、鉄棒で逆上がりをする。着地できることが約束されていないままに、側転する決断をする。そういうことが、僕にはうまくできなかった。

　自分の制御がどこまで利くのかわからない「力の溢れ」に身を任せることの恐怖と魅惑がある。あった。力がどこかに生じ、それが自分を貫通し、流れを急に激しくし、不意に自分を流し去り消し去ってしまうと感じる。それは子供の、とくにやんちゃな男の子の経験にとって本質的なことではないか？　子供は弱い。ささいなふるまいでさえ「野放図」でありうる、「自己破壊」的でありうる。何かの手前で怖じ気づいた記憶が様々に湧いてくる。どうしてそうなってしまったのか。誰もがそうされたように、規律を乱す行動を叱られた記憶も様々に湧いてくる。そうした禁止を引き受けすぎてしまったのか、それとも生来、僕は腰抜け《チキン》だったのか。あるタイミングで力の奔流に首尾よく流されて、向こう側に着地することもできたはずなのだ。必ず着地できてしまうだろうという無邪気な自信、その先取りが、子供にとっては、ささやかにして決定的な勝利なのである――向こう側、秘密の庭、プロレスのリング。

観客席とリングとのあいだに、幼少期の僕が怖じ気づいて飛び越えようとしなかった、きっと飛び越えられたはずの石塀が見える。

向こう側の秘密の庭にたやすく降り立った彼こそが、プロレスラーに他ならない（それは僕のありえたかもしれない姿、分身だ）。そして秘密の庭、それは、力の奔流に流されるがままになるという自己破壊のプロセスを首尾よく通過して、生きて着地できた場所である。

プロレスのリングとは、ひとつの秘密の庭から別の秘密の庭へと飛び越え続けることが起こっているような場所だ。つまりそこは、（合理的根拠のない無邪気な自信に支えられた）自己破壊の多彩なヴァリエーションを花咲かせる舞台なのである。

プロレスにおいて正味の部分は、相手を打ち負かすことではない。正味の部分は、自滅に踏み込んでしまうその手前へと漸近していく、ぎりぎりの自己破壊の競演である（凶器攻撃や場外乱闘もまた、たんに威圧的であるよりむしろ、名誉をどこまで失えるかというマゾヒスティックな自己破壊の一種である）。その果てに最終的な勝敗がある。プロレスにおいて相手に与えるダメージは、自己破壊の附随効果なのであり、それは、勢いよく「石塀」に登りかかればその「石塀」にダメージを与えてしまうことに等しい。対戦相手はつまり「石塀」なのだ。かつ、自分もまた相手にとっての「石塀」になる。

二人が互いに胸を貸しての――互いを「石塀」にしての――ぎりぎりの自己破壊の競演によってエネルギーを消耗した果てに残される、最後のエネルギーの大小が、ねじ伏せ合う幕切れのわずかな時間において問われる。だから、プロレスで最終的に搾り出されるのは、相手を屈服させる暴力ではない。各々に独特の自己破壊のヴァリエーションをさんざん試し合った果てに、さらに別の自己破壊へと――さらなる「石塀」の向こうへと――旅立ち直すことができる余力がそれでもあるかどうかということが、プロレスの勝敗の意味するところなのである。

ぎりぎりの自己破壊を生き延びること。その恐怖と魅惑とが、日常のどこかでつねにノイズを発し続けている。非人称的な力の溢れが、幼少期からずっと我々の身体を衝き動かし続けているのだが――それは、無力な赤ん坊に絶え間なく襲いかかっていたあらゆる内的・外的刺激の反響のことだろう――、成長した我々はそこに圧をかけて平静を装っている。まさしくそこが、日常からプロレスへとつながるところなのだ。他方で、効率的に生き延びるための――贅沢でない――グローバル・ビジネス＝スポーツとは、幼稚な力の溢れに対する「抑圧」（僕はフロイトの精神分析を想定している）の上に展開される、上部構造なのである。

彼は誘っている、「はやくこっち来いよ」と。

プロレスラーは、抑圧の（実はひじょうに不安定な）バリアの手前へと回帰することを、つまり、みみっちい生存競争的現実の手前へと、我々の「かつてあった近いところ」へと、近所へと、近所の石塀や校庭や河川敷へと、そこを踏み台にして成長してしまったあのあらゆる経験が自己破壊的である子供の弱さのただなかに回帰することを、その全身で呼びかける。

我々にもただちにここでプロレスラーになることが潜在的にできるのだとしたら、それはつまり、「子供になること」に他ならないのだ。逆説的に言えば、プロレスラーの強さとは、子供の弱さであり、かつ強さのことである――日常の全場面が自己破壊からの生還の連続であるそのか弱い存在の、そうした危機的経験を生き延びおおせてしまう、幸運なる強さ。

子供が経験する原初的なエロティシズム――根本的にマゾヒズム的なそれが、プロレスのリングにおいて反響している。それは、能動／受動を役割分担し、結果としての（単一の）オーガズムに向かっていくことではなく、参加者各々が別々のマゾヒズムを隣接させる――互いを部分的に自分のマゾヒズムのための加速器・減速器にしながら――というエロティシズムである。子供たちは、それぞれのマゾヒズムの胆力を自慢し合う。おお、傲慢不遜なるマゾヒストたち！　根本的にあるのは、非人称的な力の溢れに占領されてしまうという受動性だ。そして、その受動性の速度を破滅に至らせないために、能動的にブレーキを作動させる。子供のエロティシズムの本体は、自己破壊とそれの制御との際《きわ》に存する（優位にあるのは自己破壊の方だ）。その後、能動的なブレーキが肥大した結果として、大人のセクシュアリティが成立することになる。異性愛者の男性では、根本的な受動性が自分にある（あった）ことを認めたくないという態度が規範的であるように思われる。異性愛者の男性では、「否認」された受動性を異性＝女性に投射し、女性に、自分の身代わりとして自己破壊性の表出をさせてそれを制御したい（女性をオーガズムに至らせること、それは、かつての自分の自己破壊的オーガズムを分身＝女性に委任することだ……）という欲望が形成されているのではないだろうか。

自己破壊のマゾヒズムに回帰すること、それは、男女の別が曖昧であった状況への回帰である。マゾヒストとしてのプロレスラーは、だから、ジェンダー以前の興奮を体現してもいるだろう。石塀を飛び越えるという侵犯の出来事は、男の子にも女の子にも起こりうる（さらに言えば、男の子が女の子の領域へ、女の子が男の子の領域へ、自己破壊的なジャンプをするのだ）。しかし女の子の場合では、旧来の規範がひじょうにしばしば、早期から「おてんば」の芽を潰しにかかる。僕は、そうした女性への一般的抑圧に似たことが、自分においてもあったように感じて（しまって）いる。悲しいかな、社会の恭《うやうや》しい手によって彼女は、彼女が勝手に享楽しえたはずの「力の放課後」——力の効率的制御に対する余白——から遠ざけられてしまった。彼女をそこへ回帰させなければならない、力の放課後へ。

プロレスラーは、力の放課後に飛び出して、壁を次々に乗り越えていく。それは、我々にもできることなのだ。超越的なジャンプではない。いまここから「別のいまここ」へのジャンプなのだ。プロレスラーになること、子供になること。僕は、僕＝彼女をそこへ回帰させなければならない、力の放課後へ。それは、僕＝彼女があらためて野放図な彼女になり、僕＝彼があらためて野放図な彼になる、なり直すということなのだ、おそらく。

## 初出一覧

初出時の原題と書誌情報を示す。本書に収録するにあたり、いずれも改稿されている(大幅に変更した部分もある)。本書掲載のヴァージョンを現時点での最終版とする。引用の際には、本書からの引用をお願いしたい。

### I

- 「思考停止についての試論――二〇一三年のフランシス・ベーコン展」、『すばる』第三五巻六号、集英社、二〇一三年六月。
- 「ズレと元々――田幡浩一「one way or another」展に寄せて」、田幡浩一「one way or another」展において配布、ギャラリー小柳、二〇一六年二月二十四日―三月二十六日。
- 「パラマウンド――森村泰昌の鼻」、『ユリイカ』第四二巻四号、青土社、二〇一〇年三月。
- 「不気味でない建築のために」、10+1 web site、二〇一六年十二月。
- http://10plus1.jp/monthly/2016/12/issue-01-2.php(最終確認＝二〇一八年五月六日)

### II

- 「世界の非理由、あるいは儀礼性――メイヤスー『有限性の後で』から発して」、『比較文明』第三二号、比較文明学会・行人社、二〇一六年十一月。

・「あなたにギャル男を愛していないとは言わせない――「クール・ジャパノロジー」と倒錯の強い定義」、『思想地図β』第三巻、ゲンロン、二〇一二年七月。
・「さしあたり採用された洋食器によって――金子國義への追悼」、津原泰水編『金子國義――あなたは美しい』河出書房新社、二〇一五年。
・「4'33"のパラダイス」、『現代思想』第三七巻一号、青土社、二〇〇九年一月。

Ⅲ

・「美術史にブラックライトを当てること――クリスチャン・ラッセンのブルー」、原田裕規編『ラッセンとは何だったのか？――消費とアートを越えた「先」』フィルムアート社、二〇一三年。
・「思弁的実在論と無解釈的なもの」、『岩波講座 現代』第七巻「身体と親密圏の変容」、大澤真幸編、岩波書店、二〇一五年。
・「アンチ・エビデンス――90年代的ストリートの終焉と柑橘系の匂い」、10+1 web site、二〇一五年四月。http://10plus1.jp/monthly/2015/04/index03.php（最終確認＝二〇一八年五月六日）
・「動きすぎてはいけない――ジル・ドゥルーズと節約」、『Résonances』（東京大学大学院総合文化研究科フランス語系学生論文集）第三号、東京大学教養学部フランス語部会『Résonances』編集委員会、二〇〇五年三月。

Ⅳ

・「言語、形骸、倒錯――松浦寿輝『明治の表象空間』について」、『新潮』第一一一巻九号、新潮社、二〇一四年九月。

・「批判から遠く離れて――二〇一〇年代のツイッター」、『一冊の本』第一九巻六号、朝日新聞出版、二〇一四年六月。
・「緊張したゆるみをもつ言説のために」、『ユリイカ』第四八巻四号、青土社、二〇一六年三月。
・「此性をもつ無――メイヤスーから九鬼周造へ」、『現代思想』第四四巻二三号、青土社、二〇一七年一月。

## V

・「解説　独身者のソォダ水――長野まゆみについて」、長野まゆみ『超少年』河出文庫、二〇一〇年。
・「タナトスのラーメン――きじょっぱいということ」、『ずるずる、ラーメン』河出書房新社、二〇一四年。
・「別名で保存する――『海辺のカフカ』を巡って供される作品外《オルドーヴル》」、『ユリイカ』第四二巻一五号、青土社、二〇一一年一月。

## VI

・「マラブーによるヘーゲルの整形手術――デリダ以後の問題圏へ」、『KAWADE道の手帖　ヘーゲル入門』河出書房新社、二〇一〇年。
・「エチカですらなく――中島隆博『荘子――鶏となって時を告げよ』」、『表象』第四号、表象文化論学会・月曜社、二〇一〇年四月。
・「単純素朴な暴力について」、『理』第四五号、関西学院大学出版会、二〇一六年五月。
・「力の放課後――プロレス試論」、『NEW WORLD「新日本プロレスワールド」公式ブック』新潮社、二〇一六年。

千葉雅也　ちば・まさや
一九七八年栃木県生まれ。
東京大学教養学部卒業。
パリ第十大学および高等師範学校を経て、
東京大学大学院総合文化研究科超域文化科学専攻表象文化論コース博士課程修了。
博士(学術)。哲学／表象文化論を専攻。
フランス現代哲学の研究と、美術・文学・ファッションなどの批評を連関させて行う。
現在は、立命館大学大学院先端総合学術研究科准教授。
著書に『動きすぎてはいけない――ジル・ドゥルーズと生成変化の哲学』
『別のしかたで――ツイッター哲学』
『勉強の哲学――来たるべきバカのために』
『メイキング・オブ・勉強の哲学』
『思弁的実在論と現代について――千葉雅也対談集』がある。

意味がない無意味

二〇一八年一〇月二〇日　初版印刷
二〇一八年一〇月三〇日　初版発行

著者　千葉雅也
発行者　小野寺優
発行所　株式会社河出書房新社
〒一五一-〇〇五一　東京都渋谷区千駄ヶ谷二-三二-二
電話　〇三-三四〇四-一二〇一（営業）
　　　〇三-三四〇四-八六一一（編集）
http://www.kawade.co.jp/

ブックデザイン　鈴木成一デザイン室
組版　株式会社キャップス
印刷　株式会社亨有堂印刷所
製本　小髙製本工業株式会社



Printed in Japan　ISBN978-4-309-24892-9